KB051011

철학자가 들려주는 철학 이야기 021~030권

아비투어 철학 논술 3

●

초급편

철학자가 들려주는 철학 이야기

아비투어 철학 논술 3

ⓒ 김성철, 이정배, 유성선, 송종인, 신정하, 심형규, 2011

초판 1쇄 발행일 | 2011년 3월 18일
초판 2쇄 발행일 | 2012년 2월 20일

지은이 | 김성철, 이정배, 유성선, 송종인, 신정하, 심형규
펴낸이 | 강병철
펴낸곳 | (주)자음과모음

주   간 | 정은영
제   작 | 고성은
마 케 팅 | 전소연, 이선희
영   업 | 조광진, 장성준, 김상윤, 이도은, 박제연

출판등록 | 2001년 5월 8일 제20-222호
주   소 | 121-840 서울시 마포구 서교동 396-33
전   화 | 편집부 (02)324-2347, 총무부 (02)325-6047
팩   스 | 편집부 (02)324-2348, 총무부 (02)2648-1311
e-mail | soseries@jamobook.com
Home page | www.jamo21.net

ISBN 978-89-544-2670-1 (04100)
ISBN 978-89-544-2667-1 (set)

• 잘못된 책은 교환해 드립니다.

철학자가 들려주는 철학이야기 021~030

아비투어 철학 논술

초급편

3

㈜자음과모음

차례

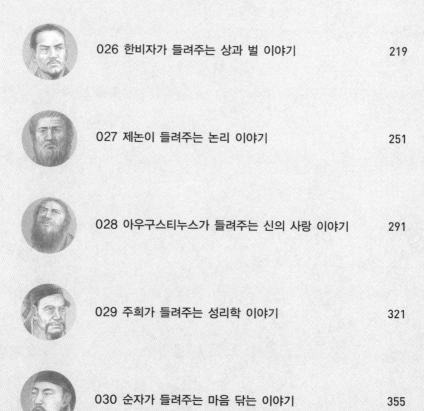

Abitur

철학자가 들려주는 철학이야기 021

밀이 들려주는 자유주의 이야기

저자_김성철

성균관대학교를 졸업하고 독일 괴팅겐 대학교에서 철학과 박사 과정을 수료했다. 현재 아영교육문화연구소 연구원으로 활동 중이다.

존 스튜어트 밀

John Stuart Mill

다음은 밀에 관한 글이다. 잘 읽고, 밀에 대해 어떤 것들을 알게 되었는지 말해 보시오.

존 스튜어트 밀(John Stuart Mill)은 1806년 5월 20일 영국의 런던에서 태어났다. 공리주의 옹호자인 제임스 밀의 장남으로 태어난 밀은 엄격하고 철저한 조기교육을 받았다. 아버지 밀은 걸음마를 간신히 배운 정도의 어린 밀에게 장난감 대신 그리스의 고전을 주며 읽으라고 할 정도로 극성스럽게 교육을 시켰는데, 그래서인지 밀은 세 살 때 라틴어, 여덟 살 때 그리스어, 열두 살 때 논리학을 터득했다고 한다.

소년 시기에 읽은 J.벤담의 저서에 영향을 받아 공리주의(功利主義)에 심취한 밀은 공리주의 사상가가 되기로 한다. 그리고 그 당시 영국을 지배하던 전통에 기초한 여러 제도를 공리주의적 원칙 아래에서 개혁하려고 했던 벤담을 지지하지만, 나중에는 벤담의 공리주의에 수정을 가한다. 벤담과 밀은 행복과 쾌락을 동일시하였는데, 벤담은 쾌락의 계량 가능성을 주장하고 쾌락 계산의 구상을 내건 양적(量的) 쾌락주의자였던 데 반해 밀은 쾌락의 질적(質的) 차이를 인정한 질적 쾌락주의자의 입장을 취하였다.

밀은 공리주의로 널리 알려져 있지만 경제학뿐 아니라 철학과 정치학 등 광범한 분야에 걸쳐서도 수많은 업적을 남겼는데, 경제학자로서의 업적 중에서도 손꼽을 수 있는 것은 경제학과 자본주의의 윤리적 기초에 관한 철학적 성찰이다. 공리주의는 인간이면 누구나 태어날 때부터 쾌락을 추구하고 고통을 피하려는 경향을 가진다는 인간관에서 출발했다. 그리고 행동의 옳고 그름에 대해서는 그 행동의 결과인 쾌락이 있고 없음, 또는 많고 적음으로 판단하려고 했다. 이는 곧 삶의 목적이 쾌락과 행복의 추구에 있음을 의미하는 것이다.

또한 밀은 《자유론》(1859)에서 사회와 개인의 적절한 관계에 대해 자신의 논의를 전개하고 있다. 밀은 인류가 나아가야 할 길을 개인의 자아 완성과 자유의 신장에 있다고 보았다. 그래서 공리의 원칙에 충실하면서도 개인의 개별성을 보존하는 길을 제시한다. 밀은 "전체 인류 가운데 한 사람의 의견이 다르다고 해서 그 사람에게 침묵을 강요하는 일은 옳지 못하다. 그것은 어떤 한 사람이 자기와 생각이 다르다고 나머지 사람 전부에게 침묵을 강요하는 것만큼이나 용납될 수 없는 일이다"라고 했다. 사회 내 다수의 의견이 사회 전체를 지배하게 된다면 정체 또는 쇠퇴의 시기가 온다는 것이다.

그의 저서에는 《경제학 시론집》(1830), 《경제학 원리》(1848), 《논리학체계》(1843), 《자유론》(1859), 〈공리주의〉(1863) 등이 있다.

생각 쓰기

01_강 밀과 함께하는 철학 여행

case 1 밀은 공리주의 철학자이다. 다음 글을 읽고 공리주의 철학이란 무엇이고,
이 철학의 주제는 무엇인지 설명하시오.

밀은 1806년 영국의 런던에서 태어났습니다. 그의 아버지 제임스 밀은 스
코틀랜드에서 태어났지만, 런던에서 생활하였습니다. 그러면서 공리주의
철학자 제레미 벤담을 알게 되었답니다.

공리주의는 철학의 한 생각으로, 어떻게 하면 많은 사람들이 행복한 생활
을 할 수 있을까에 대해서 연구하는 것입니다. 당시 벤담은 '최대 다수의 최
대 행복' 이라는 말을 했답니다. 이 말은 최대한 많은 사람들에게 최대한 많
은 행복을 주자는 의미입니다. 쉽게 말하면, '공공의 행복' 이라고 할 수 있
겠지요.

제임스 밀도 벤담의 이런 생각에 동의했답니다.

(······)

그는 가장 좋은 나라는 많은 사람이 행복하게 사는 나라라고 믿었습니다.
벤담의 공리주의적인 생각이 바로 제임스 밀의 생각과 같았죠.

그래서 제임스 밀은 자신의 아들 존 스튜어트 밀이 벤담의 뒤를 이어 공리주의 철학을 공부해 줄 것을 바라면서 아들 밀에게 조기교육과 천재교육을 동시에 시켰습니다.

존 스튜어트 밀은 아버지의 뜻에 따라 잘 자라 주었습니다. 그리고 아버지가 원하는 교육도 충분히 잘 소화해, 그가 원하는 공리주의 철학자가 되었답니다.

무엇보다 밀은 영국 사람들에게 자유로운 생각과 자유를 강조하였습니다.

(……)

밀의 자유로운 생각과 자유는 바로 서민들의 자유로운 생활로 이어졌습니다. 그리고 이 자유로운 서민들의 행동과 생각이 자유로운 영국을 만든 것이죠. 밀은 이러한 것이 '공공의 행복' 을 만든다고 보았답니다.

밀의 자유로운 생각과 자유가 무엇인지 궁금하죠?

생각하지 않는 사람은 없습니다. 사람마다 다 생각을 하며 삽니다. 그중 어떤 사람은 생각에 생각을 거듭하여 좋은 결론을 이끌어 내지만 또 어떤 사람은 생각에 생각의 꼬리를 물지 못하고 결론을 내지 못한 채 중간에서 포기하고 맙니다.

왜 그럴까요?

밀은 생각하는 방법이나 규칙을 몰라서 그렇다고 합니다. 그래서 밀은 우리가 좋은 생각의 꼬리를 물고 좋은 결론을 이끌어 낼 수 있도록 규칙을 정했답니다. 밀이 가르쳐 준 규칙에 따라 생각을 하면 참 좋은 결론에 도달할 수 있습니다.

밀은 또한 자유에 대해서 우리에게 이야기하고 있답니다. 자유는 정말 좋은 것이죠. 사람을 행복하게도 만들고요. 그러나 밀이 살던 시절에는 자유롭지 못한 사람들이 참 많았답니다. 노예나 천민이 그 대표적인 예겠지요. 밀은 그런 사람들을 매우 안타깝게 생각해서 노예해방 운동도 하였습니다. 그리고 미국에서 남북전쟁이 일어났을 때도, 노예해방을 하자고 주장한 북부 군을 도와야 한다고 영국 사람들에게 말했답니다.

밀의 이러한 자유로운 생각과 자유, 참 재미있겠죠? 밀의 생각이 무엇인지 우리 함께 살펴볼까요?

– 《밀이 들려주는 자유주의 이야기》 중에서

생각 쓰기

"대한민국의 건강한 남자라면 누구나 군대에 다녀와야 하는 건 당연한 국방의 의무라고!"

슬기도 답답하다는 듯이 덩달아 소리를 지릅니다.

"그건 너무 억지야. 우리나라가 무슨 공산주의 국가야? 북한이냐고! 왜 자유를 구속하고 재능을 꺾으면서까지 다 똑같이 군대에 보내는 건데? 우리가 지금 전쟁 중이야? 이라크야? 왜 무조건 군대에 가야 하는데!"

나는 기관총을 쏘듯 쏘아붙였습니다.

"가을아, 래인만 생각하지 말고 좀 넓게 생각해 봐. 우리나라는 유일한 분단국가야. 한국전쟁은 아직 끝난 게 아니라고. 너 6·25 때마다 보는 영화나 학교에서 배운 거 생각 안 나? 전쟁은 그렇게 끔찍한 거야. 그것으로부터 우리가 우리를 스스로 지킬 수 있는 방법은 국방력을 키우는 것뿐이라고 학교에서 배워서 너도 잘 알잖……."

(……)

"흥! 한국전쟁은 우리 아빠가 태어나기도 훨씬 전에 일어났고, 이제 50년도 넘은 이야기야. 아주 옛날이야기라고. 전쟁이 일어나려면 벌써 일어났지, 여태 이렇게 조용하겠니? 이건 다 국가의 힘으로 국민의 자유를 빼앗으려고 하는 거라고."

나도 지지 않고 말했습니다.

"더 깊이 생각해 봐. 왜 전쟁이 일어났고 우리 민족이 수난을 겪었는지. 다 우리나라에 진정한 자유가 없었기 때문이야. 우리의 힘으로 자유를 얻고 거기서 나온 힘으로 나라를 지켰어야 하는데, 그게 부족했기 때문에 일본의 식민지가 되고 전쟁을 치르기도 했던 거라고. 그러니까 우리 국민이 나라를 위해 희생하는 건 당연한 거야. 국가가 없으면 어떻게 개인이 있겠니? 그건 국가가 개인의 자유에 개입하는 게 아니라, 당연한 권리를 갖는 거라고."

점점 슬기는 어려운 설명을 합니다. 선생님처럼 나를 가르치려고 하는 슬기의 태도가 마음에 들지 않습니다.

"어째 넌 자꾸 당연한 거라고만 생각하니? 식민지 시대나 전쟁 때와 달리 지금은 세상이 엄청나게 변했어. 그런데 여전히 옛날 생각만으로 국방력에 힘을 쏟는다고 우리나라가 진정한 자유를 얻고 발전할 것 같아? 아니야. 오히려 그건 국방력 낭비라고. 우리가 세계와의 경쟁에서 살아 남으려면, 다양한 면에서 골고루 발전해야 돼. 이를테면 문화 같은 거 말이야. 한류 열풍이 우리나라의 새로운 경쟁력을 키워 주고 있다는 걸 모르진 않겠지? 그러니까 더욱 골고루 발전시켜야 하는 거 아니겠어? 그래서 래인 같은 가수가 꼭 필요한 거고."

(……)

"그러니까 내 말도 너와 다르지 않아. 우리나라가 그렇게 여러 면에서 발전할 수 있었던 것도 바로 국민들이 그 의무를 다했기 때문이라고 생각해. 나라를 지켜 주는 누군가가 있기 때문에 노래를 부르는 가수도 있을 테고, 과학자들도 연구를 하지 않겠어? 누구나 군대에 가는 것을 좋아하진 않을 거야. 그렇다고 모든 사람들이 다 군대에 가지 않는다면, 우리나라는 누가 지키겠니?"

슬기가 눈을 동그랗게 떴습니다.

"군인이 되고 싶어 하는 사람이 왜 없겠어? 그런 사람들이 자원하면 되잖아. 내 말은, 자유민주주 국가가 어째서 막무가내로 개인의 자유를 무시하고 모든 남자들을 군대로 데려가느냔 말이야! 이건 국가권력이 국민에게 휘두르는 횡포야!"

나는 래인을 데려간 군대가 아니라 슬기에게 화가 나 있었습니다. 그래도 내 마음을 이해해 줄 줄 알았던 슬기 역시 래인이 군대에 간 것은 당연한 의무라고 했으니까요.

그래요, 나도 사회 시간에 배워서 잘 알아요. 국민의 의무 중에 국방의 의무가 있다는 거, 그래서 군대에 가야만 한다는 거. 그렇지만, 래인이 영영 떠나 버린 것만 같아 슬픈 걸 어떡해요? 내 마음을 몰라주는 사람들 때문에 슬픈 걸 어떡하느냐고요!

　나는 벌떡 일어나 화장실로 달려갔습니다. 슬기와 대화조차 하기 싫었습니다. 그래도 가장 친한 친구인데, 나를 위로해 주지는 못할망정 결국 말다툼을 하게 만들어 버린 것 또한 속상했습니다.

- 《밀이 들려주는 자유주의 이야기》 중에서

생각 쓰기

"선생님, 정말 궁금한 게 있어요. 우리나라 젊은 남자라면 모두 군대에 가야 한다고 하는데, 그건 개인의 자유의사를 무시한 국가의 권력 남용 아닌가요?"

우리 반 1등인 혜림이가 제법 어른스런 말투로 선생님께 질문했습니다.

(……)

똑똑한 혜림이는 말도 참 조리 있게 합니다. 내가 만약 혜림이와 똑같은 질문을 했다면, 아마도 이렇게 했겠지요.

'래인을 강제로 군대에 끌고 가다니, 이건 정말 너무해요. 이런 법이 어디 있어요!'

막무가내로 떼를 쓰듯이 말이에요.

"흠흠, 장차 군대에 갈 몸이신 제가 말씀드리겠습니다."

승헌이는 목을 가다듬었습니다.

"국방의 의무, 납세의 의무, 근로의 의무, 교육의 의무는 국민이 지켜야 할 4대 의무로써, 이를 지키지 않으면 국가 존립에 문제가 생기고, 국가의 위기는 곧 개인의 위기가 되는 것이지요. 흠흠, 특히 국방의 의무를 지키지 않으면 처벌을 받게 되는데, 이런 사람들이 많으면 국가 존립이 위험해지지요. 로마가 용병에 의해 망한 것처럼, 국민이 국가의 의무를 소홀이 하면 국가가 위험해집니다. 그러므로 우리 대한민국의 건강한 남자들은 나라를 지켜야 합니다. 저는 군대에 가서 나라를 지키는 데 앞장서겠습니다."

(……) 아이들이 일제히 웃으며 박수를 쳤습니다. (……) 그러나 나는 박수를 치지 않았습니다. 국민의 의무니 어쩌니 할 때마다 잘 이해가 되지 않거든요. 그럼 국민이 행복할 권리는 어쩌고, 자유는 어쩌라고? 자꾸 래인이 떠올라 반항을 하고 싶어집니다.

-《밀이 들려주는 자유주의 이야기》 중에서

생각 쓰기

----

case 4 의무와 자유, 국가와 국민은 서로 상반된 것 같지만 서로 뗄 수 없는 관계이다. 영국의 철학자 밀은 《자유론》에서 국가, 또는 사회가 개인의 행동에 대해 간섭할 수 있는 범위와 한계를 논하였다. 밀이 개인의 자유가 허용되고 보장되어야 한다고 주장한 이유를 다음 글에서 두 개 이상 찾아 써 보시오.

"모두 맞는 말이에요. 의견이 분분할 수밖에 없는 문제이고요. 여러분은 선생님이 생각했던 것보다 훨씬 더 많은 걸 생각하고 있었군요. 의무와 자유, 국가와 국민, 서로 상반된 것 같지만 떼려야 뗄 수 없는 관계예요. 너무나 복잡하지요?"

아이들이 일제히 '네!' 하고 소리칩니다.

"영국의 철학자 존 스튜어트 밀은 자신의 저서 《자유론》을 통해 국가, 또는 사회가 개인의 행동에 대해 간섭할 수 있는 범위와 한계를 논하면서, 개인의 자유는 불가피한 경우를 제외하고는 최대한 허용되어야 한다고 주장했어요."

선생님의 어려운 설명에 갑자기 몇몇 아이들이 웅성거립니다.

"거봐! 개인의 자유가 더 중요하대잖아."

"밀은 각 개인이 '자신의 육체와 정신의 주권자'이기에, 자신의 육체와 정신을 자유롭게 사용할 수 있는 권리를 갖고 있다고 보았어요. 특히 개인은 다양한 개성을 갖고 있기 때문에, 각자 자유롭게 결정하여 행동하는 것이 각 개인의 개성을 발휘하는 데 더 좋은 결과를 가져온다고 생각한 것이지요. 그래서 간섭보다는 자유가 각 개인의 발전과 자아실현에 더 큰 도움이 된다고 보고, 개인의 자유가 최대한 보장되어야 한다고 주장했어요."

선생님의 말씀이 끝나자, 맨 뒤에 앉은 선휘가 질문을 합니다.

"그러니까 선생님, 쉽게 말하자면 개인의 자유가 더 중요하다는 거죠? 선생님께서도 군대에 가는 문제에 있어 개인의 자유의사가 더 우선시되어야 한다는 말씀을 하시는 것 아닌가요?"

선휘 역시 래인의 팬이지요.

"글쎄요, 그렇게 말하기에는 좀 복잡한 문제가 있는데…… 우선, 우리 모두 '자유'에 대해서 먼저 생각해 보도록 해요. 오늘 선생님이 잠깐 얘기한 영국의 철학자 밀에 대해서 조를 나누어 알아보고, 그가 말한 자유, 그리고 여러분이 생각한 자유에 대해 발표해 보는 시간을 갖는 게 어떨까요? '자유'라는 주제로 자유롭게 발표하는 수업 말이에요."

– 《밀이 들려주는 자유주의 이야기》 중에서

생각 쓰기

주 요 개 념 및 배 경 지 식

1 벤담(J. Bentham, 1748~1832)

벤담은 공리주의의 창시자로서, 쾌락(快樂)을 증가시키고 고통(苦痛)을 감소, 제거하는 능력이 모든 도덕과 입법의 기초 원리라고 하는 생각을 바탕으로 하여 공리주의를 주장하였다. 흔히 벤담의 공리주의를 양적 공리주의라고 하는데, 벤담은 이러한 양적인 쾌락을 생각하여 '최대 다수의 최대 행복' 이라는 원리에 의해 개인의 행복과 사회의 행복을 조화시키려 했다.

그는 인간의 본성은 고통과 쾌락에 의하여 지배되고, 모든 인간 행위의 동기는 필연적으로 쾌락을 추구하고 고통을 피하는 데 있으며, 그 결과 쾌락과 고통은 모든 인간 행위에 대한 선악 판단의 기준이 된다고 보았다. 또 이러한 사실에 근거하여 벤담은 '선은 곧 쾌락' 이라는 등식을 확립했다. 그리고 쾌락과 고통은 동일한 척도에서 양적으로 측정이 가능하다고 주장했다.

2 국민의 의무

국민이 지켜야 할 의무로써, 납세 · 국방 · 교육 · 근로 · 환경 보전의 의무를 말한다.

1) 납세의 의무(헌법 제38조)

국가가 국민을 위하여 여러 가지 일을 하려면 많은 돈이 들게 되고, 이러한 돈은 국민이 내는 세금으로 마련한다. 따라서 납세는 국가 경비를 조달하기 위해 국민이 각자 재산의 일정 부분을 국가에 제공하는 것이다.

2) 국방의 의무(헌법 제39조)

국방의 의무란 국민으로서 나라를 지키는 의무이다. 국가가 전쟁과 같은 긴박한 형편에 있게 되면 병역의 의무뿐만 아니라 군사 작전에 협력하거나 군(軍)의 노무 동원에 따라야 할 의무 등이 생긴다.

3) 교육의 의무(헌법 제31조)

교육은 개인의 행복과 국민의 생활수준을 높이는 데 필요하다. 헌법의 규정은 초등교육뿐만 아니라 중등교육까지 의무화하고 있다.

4) 근로의 의무(헌법 제32조)

근로의 의무는 민주주의 원칙을 전제로 하고 있으므로, 그 내용과 조건이 사회주의 국가에서와 같은 강제 노동의 의미를 가질 수 없다. 근로를 통하여 사람들은 경제적으로 안정된 생활을 누리고, 부강한 나라를 이룩할 수 있다.

5) 환경 보전의 의무(헌법 제35조)

국민은 환경 보전을 위하여 노력해야 한다. 따라서 환경을 오염시키지 아니하고, 공해 방지 시설을 설치할 의무가 있다.

02강 자유가 무엇일까요?

case 1 다음 글을 읽고, 언론의 자유에서 자유로운 행동이 나온다는 말의 뜻이 무엇인지 설명하시오.

"여러분은 하고 싶은 말이나 행동을 다 하면서 사나요?"

(······)

자기가 하고 싶은 말이나 행동을 다 하는 사람은 아마도 세상에 없을 거예요.

"대통령이면 모를까, 누가 하고 싶은 말을 모두 하며 살 수 있겠어요?"

영수가 말했습니다.

"대통령도 하고 싶은 말은 다 못하고 살 걸? 그러니 대통령이 말 한번 잘못 했다가 탄핵 소추까지 당하고 그러지."

지연이가 영수의 말에 끼어들었어요.

"그래요. 대통령도, 국회의원도 하고 싶은 말이나 행동을 다 못하고 살 거예요. 그럼 자유로운 행동은 어디에서 나올까요?"

선생님의 질문에, 밀에 대해 조사한 1조의 은진이가 대답했습니다.

"밀은 사람의 자유로운 행동은 언론의 자유에서 나온다고 했습니다. 결국 생각하고 있는 말을 자유롭게 할 수 있으면, 행동도 자유로워진다는 뜻이겠지요."

– 《밀이 들려주는 자유주의 이야기》 중에서

생각 쓰기

"선생님! 식민지도 그렇지만, 특히 노예제도가 더 그런 것 같아요. 옛날에는 같은 사람들끼리 노예를 만들어 사고팔았다고 하잖아요?"

노예? 나는 노예라는 말에 귀가 번쩍 뜨였습니다.

"그래요, 선생님도 그 얘기를 하고 싶었어요. 특히 아프리카 흑인들을 유럽 사람들은 노예로 사고팔았습니다. 미국을 식민지로 둔 유럽 사람들은 미국에서까지 아프리카 흑인들을 수입하여 노동자로 부렸지요. 이 노예제도 때문에 미국에서 생긴 역사적인 사건이 혹시 무엇인지 알고 있나요?"

"예! 남북전쟁이에요."

승재가 씩씩하게 대답했습니다.

"그렇죠, 남북전쟁이죠. 당시 미국의 북쪽 지방에는 독일, 프랑스, 스페인 사람들이, 남쪽 지방에는 영국 사람들이 살고 있었어요. 남쪽 지방의 영국 사람들은 목화 농사를 지었는데, 목화 농사에는 특히 많은 노동자가 필요했답니다. 그래서 영국 사람들은 아프리카로부터 값싼 흑인 노예들을 데려와 노동자로 부렸습니다."

"어쩜 같은 인간들끼리 마치 동물을 사고팔듯 사람을 사고팔 수 있을까요? 사람에겐 인격이라는 것이 있는데……."

선예는 얼굴을 찡그리며 말했어요.

"19세기에 들어오면서 미국에서도 인간의 권리에 대한 생각이 많이 달라졌어요. 아무리 노예라도 인간이라면 인간답게 살 권리가 있다고 생각한 거죠. 그래서 노예를 더 이상 사고팔 수 없게 법을 정했습니다. 하지만 미국의 남부 지방에서는 농사를 위해서 여전히 노예가 필요했고, 그래서 법으로 노예를 사고팔 수 없게 했음에도 불구하고 계속해서 노예를 사고팔았어요."

(……)

"1861년에 남북전쟁이 시작됐고, 이것은 5년 동안 계속되었습니다. 노예제도를 요구하는 남부 군과 노예제도를 반대하는 북부 군 사이의 전쟁은 링컨 대통령이 노예해방을 선언함으로써 북부 군의 승리로 끝났죠."

오호, 링컨 대통령? 그동안 대충 알고는 있었지만 그 역사적 배경이나 인물들이 헷갈렸는데, 선생님의 설명을 듣다 보니 조금 정리가 되었습니다. 역시 재미있는 이야기로 들으면 어려운 이야기도 머릿속에 쏙쏙 들어온다니까요.

– 《밀이 들려주는 자유주의 이야기》 중에서

"영국의 노예제도에 반대한 사람이 있습니다."

여기저기서 밀, 밀, 하는 목소리가 들려왔습니다.

"여러분도 짐작했겠지만, 바로 밀입니다. 밀은 노예제도를 반대하기만 한 것이 아닙니다. 한 걸음 더 나아가, 만약 미국에서 노예 문제로 남북 간에 전쟁이 일어나면, 영국은 북부 군을 도와주어야 한다고 주장했습니다."

(……)

"정말 대단하죠? 당시 영국의 귀족 사회에서 그런 말을 한다는 것이 결코 쉽지는 않았을 텐데 말이에요. 이것만 봐도 밀이 얼마나 자유에 대해 많은 관심을 가졌는지 잘 알 수 있어요."

"그런데 참 궁금한 것이 있어요. 영국은 식민지 국가도 아닌데, 어떻게 밀은 자유에 대해서 그렇게 깊은 관심을 가졌을까요?"

선예가 질문을 했어요.

"밀이 살던 당시 영국에는 왕이 있었지만, 왕은 정치에 참여하지 않고 국회의원들이 정치를 하였답니다. 하지만 대부분 국회의원들은 귀족 출신이었고, 백성들이 정치에 참여하는 것은 거의 불가능했지요. 때문에 왕이 있는 나라에서는 아무리 왕이 정치에 관여하지 않는다고 해도, 백성들은 왕의 억압으로부터 자신을 보호해야만 해요.”

“백성들이 어떻게 왕의 억압으로부터 자신을 보호할 수 있어요?”

선예가 다시 질문을 했지요.

“왕의 말 한마디에 사람이 죽기도 하고 살기도 합니다. 그러한 상황 속에서 왕에게 정면으로 도전한다는 것은 스스로 목숨을 버리는 것과 같은 것이지요. 그렇기 때문에 사람들은 스스로 자신을 보호해야만 합니다. 밀은 백성들이 왕으로부터 자신을 보호하는 것이 바로 자유라고 생각했습니다.”

– 《밀이 들려주는 자유주의 이야기》 중에서

생각 쓰기

휴, 하고 한숨을 내쉬며 걷는데 갑자기 시끄러운 소리가 들렸어요. 싸움할 때처럼 거친 소리였지요. 고개를 들어 소리 나는 쪽을 보니 차도 한가운데 두 대의 차가 붙어 있고, 그 옆에서 아저씨 두 명이 욕을 하며 싸우고 있었어요. 차도에 세워 둔 차 때문에 오도 가도 못하는 다른 차들은 경적을 울려 대며 길게 줄을 서 있었고요. 지나가던 사람들마저 차도 쪽의 싸움을 구경하느라 모여들어 웅성거리고 있어서, 몹시 시끄럽고 복잡했어요.

나도 그 틈을 비집고 들어가 무슨 일인가 살펴보았지요. 마주 오던 두 차가 정면으로 부딪친 것 같았어요. 차가 많이 부서지지 않은 걸 보니 큰 사고가 난 건 아닌 거 같은데, 운전자들은 몹시 흥분해 있었어요. 서로 상대방의 차를 발로 차거나 손으로 치면서 욕을 하고 있었거든요.

(……)

나는 이해가 되지 않았어요. 신호등이 지시하는 대로 천천히 운전했으면 될 일인데, 왜 사고가 나서 싸우는지…….

나는 고개를 들어 신호등을 바라보았어요.

앗, 그랬구나!

신호등은 고장이 났는지 황색 불만 깜빡깜빡거리고 있었어요. 사거리의 신호등이 고장 나 있으니 운전하는 사람들은 당연히 신호를 무시할 수밖에요. 출근 시간이라 바쁘기도 했을 테니, 분명 서로 먼저 가려고 속력을 내거나 주위를 살펴보지 않았을 거예요.

(……)

신호등이 고장 난 것이 원인이 되었으니 시에서 잘못한 것 같기도 하고, 또 어떻게 보면 서로 먼저 가겠다고 함부로 운전한 사람들이 잘못한 것 같기도 하고. 나는 뭐가 뭔지 잘 모르겠어요.

그건 그렇고, 이쯤에서 싸움을 빨리 끝내야 하지 않을까요? 길게 늘어선 차들 사이로 그 틈을 비집고 나가겠다는 차들 때문에 차도는 더 복잡해지고, 아주 엉켜 버렸습니다. 그때, 사이렌 소리를 요란하게 내며 경찰차가 왔습니다.

(……)

꽉 막혔던 차도가 곧 시원하게 뚫렸습니다. 어느새 고장 난 신호등도 고쳤는지 제대로 작동이 되었답니다.

나는 횡단보도의 파란 불을 보고 길을 건넜습니다. 싸우던 아저씨들도 경찰들과 대화를 나누더니 화해를 했는지 서로 악수를 하곤 각자 자신의 차를 타고 돌아갔습니다.

너무나 쉽게 해결이 된 것 같아요. 빨리 경찰이 왔더라면 소란이 적었을 텐데…… 때론 교통법규나 질서가 귀찮지만, 그것을 지키지 않고 마음대로 했다가 큰 피해를 입거나 남에게 큰 피해를 줄 수 있다는 사실이 새삼스럽게 느껴지네요.

맞아요! 지난번에 선생님이 말씀하셨던 공공의 행복! 선생님 조카 이야기 말이에요. 서로 빨리 가려는 욕심, 자기 마음대로 하고 싶은 자유는, 서로 조금씩 양보하면서 모두가 행복해질 수 있도록 하는 것이 바로 공공의 행복이라고 하셨잖아요?

거리는 아무 일도 없었던 것처럼 여느 때와 같았습니다. 나도 평소처럼 학교를 향해 걸었습니다. 그런데 또 노을이 생각이 났습니다.

— 《밀이 들려주는 자유주의 이야기》 중에서

1 자유권

자유권은 기본권 중의 하나로, 개인의 자유로운 영역에 대해 국가권력의 간섭 또는 침해를 받지 않을 권리를 말한다. 그 종류로는 신앙의 자유, 학문의 자유, 사상의 자유, 언론의 자유, 집회·결사(結社)의 자유, 직업 선택의 자유, 거주 이전의 자유 등이 있다.

자유권도 헌법에 의한 제한이나 법률에 의한 제한이 명분으로 규정되고 있는 경우에는 그에 따라 제한을 받게 된다. 다만 법률에 의하여 자유권을 제한하는 경우는 그 제한이 다른 방법을 가지고는 그 목적을 달성할 수 없는 불가피한 경우라야 하고, 이와 같은 경우라도 그 목적 달성에 필요한 최소한의 제한이어야 하며, 또한 제한되는 이익보다 보호받는 이익이 큰 것일 때에만 제한하여야 한다.

2 미국 남부의 노예제

미국 북부는 공업이 중심이 된 지역이고, 남부는 농업이 중심이 된 지역이었다. 따라서 북부는 공장을 기계로 돌리기 때문에 노동자가 그리

필요하지 않았지만, 남부는 농업 중심인 데다 거대한 목화 재배 농장이 늘어나 막대한 노동력이 필요했다. 그 결과 노예상에 의한 노예사냥뿐만 아니라 노예에 대해서는 아무 때나 매매와 증여가 가능했으며, 백인 남자와 흑인 여자 노예 사이에서 태어난 아이도 어머니의 신분에 따라 노예가 되었다.

노예제에 관한 남북의 대립에는 경제면뿐만 아니라 사상면의 차이도 있었다. 북부에서는 자연법과 이성의 기초 위에 만인 평등을 주장한 제퍼슨이 1775년에 노예 반대 선언을 했다. 노예제에 대한 맹렬한 비난은 노예 감독들이 비인간적이라는 것에 대해서가 아니라, 개개인은 자유로워야 한다는 기본적인 권리가 침해받고 있다는 것과 인간을 노예화하는 것은 야만적인 행위라는 것에 그 이유가 있었다.

농업 체제의 사회를 신성시하는 남부의 사상은 노예 폐지론자들의 공격에 대한 방어에서 출발하였다. 남부에서는 북부 노동자들의 처참한 생활이 남부의 노예제도보다 더욱 도덕적인 죄악이라고 보았다. 남부의 사상은 각 분야에 걸쳐 노예제도에 기반을 두었고, 이를 고수하기 위해 북부의 사상을 공격하였다. 그리고 남부의 안전을 위하여 연방에서 탈퇴해 독자적인 정부를 수립한다는 것이 남부에게는 정당하고도 합법적인 것이 되었다.

이처럼 노예제도에 대한 사상의 대립은 남북 간의 분쟁을 초래하였고, 결국 남북전쟁이 일어나기까지에 이르렀다.

　남북전쟁의 결과, 흑인 노예는 법적인 평등과 권리를 보장받기는 했으나 오늘날까지 사회 전반에 걸쳐 완전한 권리를 행사하지 못하고 있으며, 이것 때문에 아직까지도 그들의 반발이나 투쟁이 일어나고 있다.

03강 자유에 따른 도덕적 의무

case 1 다수결은 '참을 수 없는 횡포, 또는 불합리한 강요'일까? 각자 나름대로 생각해 보고 그 이유를 들어 보시오.

보고 싶은 가을이에게

동생이 많이 아팠다니 걱정이 많았겠구나. 지금은 괜찮니? 아기들은 원래 그렇게 아프면서 크는 거래. 가을이도 어렸을 때 그렇게 아팠던 적이 있을 거고, 또 부모님이 노을이에게 했던 것처럼 정성껏 돌보아 주셨을 거야. 지금은 노을이가 태어나서 부모님의 사랑과 관심을 받지 못한다고 생각할 수도 있겠지만, 가을이 역시 부모님의 큰 사랑과 관심을 받으며 어엿한 숙녀가 된 거지.

(……)

일요일엔 우리 내무반이 다른 내무반과 축구 시합을 했어. 독일 월드컵 때문에 거기도 축구 열풍이 대단했지? 군대도 마찬가지야. 특히 승부에 대해선 말할 것도 없고. 단 두 팀이 경기를 하는 것이니 당연히 한 팀은 이기고 한 팀은 지거나 두 팀이 무승부일 텐데, 군대에서는 항상 승리를 목표로 해. 그래서 아주 치열하게 경기를 치르지. 덕분에 월드컵처럼 16강이나 8강, 4강에 나가는 게 아닌데도 아주 치열하게 경기를 치르지. 때때로 군대에서 하는 축구는 경기가 아니라 전투처럼 느껴지기도 한다니까? 다치는 사람들도 있고 말이야.

이번 축구 경기에서도 마찬가지였지. 서로 이기겠다는 목표 하나로 몸싸움을 서슴지 않고 해서, 우리 편의 한 병사가 급기야 의무실로 실려 갔어. 아직 경기는 끝나지 않았고, 우리 팀이 불리한 입장이었지.

(……)

축구 시합 결과는 뻔했어. 우리 팀이 졌지.

'너희들은 축구 시합에서 졌다. 그러므로 진 것에 대한 책임을 져야 한다. 지금부터 연병장을 20바퀴 돈다. 의의 있는 사람? 없지? 그럼, 다수결의 원칙에 따라 모두가 기합을 받는 것으로 한다. 자, 실시!'

결국 주장인 병장의 일방적인 지시에 따라 우리는 단체 기합을 받았어. 하지만 이건 훈련과 군대 생활의 규칙과는 좀 다른 것 같았지. 지난번 휴가에서 늦게 복귀한 병사 때문에 받았던 기합은 우리가 꼭 지켜야 할 규칙을 어겨서 그런 거지만, 이번 축구 경기는 단순히 친목을 위한 것인 데다 질 수도 있는 문제인데, 그것으로 병장이 기합을 주는 건 이해할 수가 없었거든. 기합을 받는 내내 병장이 옳지 못하다는 생각을 저버릴 수가 없었어.

나중에 알고 보니 나 혼자만 그런 게 아니라, 다른 많은 병사들도 그렇게 생각하고 있더라고. 그런데도 아무 말을 못하고 있었던 거야. 왜냐하면 체육대학 출신인 병장은 계급이 높을 뿐만 아니라 힘도 세서, 잘못 보였다가는 몰래 불려 나가 흠씬 두들겨 맞는 일이 허다했거든. 그걸 알기 때문에 병장이 무서운 병사들은 아무 말도 못하고 시키는 대로 기합을 받은 거지. 민주적인 다수결의 원칙이라고 했지만 그건 병장의 변명일 뿐이고, 다른 병사들은 그냥 그의 힘이 두려울 뿐이었어.

　가을아, 나는 오늘 많은 생각을 했단다. 특히 다수결의 횡포에 대해서 말이야. 많은 사람들이 동의하고 결정한 일이 꼭 옳은 것인지, 소수의 의견이 무시된 다수결의 의견이 정당한지, 정말 어떤 권력의 힘으로 한 사람이 다수의 의견을 움직이고 있진 않은지…… 민주주의의 가면을 쓰고 있는 다수결의 원칙, 그것은 많은 사람들이 함께 모여 살 수밖에 없는 이 사회에서 소수의 의견을 무시한 채 굉장한 힘을 갖고 있더구나.

　혹시 가을이는 반 친구들과 그런 경험 없니? 오빤 가을이가 나처럼 아무 말 못하고 그냥 묵묵히 있는 비겁한 사람이 되기보다, 자신의 생각을 말하고 옳은 행동을 할 수 있는 용감한 사람이 되길 바란단다.

　래인 오빠 씀.

-《밀이 들려주는 자유주의 이야기》 중에서

생각 쓰기

다음은 벤담과 밀이 말하고 있는 쾌락에 대한 글이다. 잘 읽고 아래 물음에
답하시오.

"선생님, 결국 '공공의 행복'이라는 것은 많은 사람들이 모두 행복한 것
을 말하잖아요? 그럼 행복이 늘어나는 행동은 좋은 행동이겠네요? 반대로
행복이 줄어드는 행동은 나쁜 행동이고요. 그렇다면 우리는 모두가 행복해
질 수 있는 행동을 많이 해야겠어요."

민기가 어제와는 달리 제법 어른스럽게 말했습니다.

"그래요. 밀의 스승이자 공리주의 사상을 얘기한 벤담은 '최대 다수의 최
대 행복'에서 행복에 대해 그렇게 말했어요. 같은 공리주의 사상을 펼쳤지
만, 밀은 그것에 한 가지를 더 추가했지요. 벤담이 말한 것처럼 쾌락의 양만
가지고 쾌락을 결정할 수 있는 것은 아니니까요. 쾌락의 질에 대해서도 생
각해 봐야지요. 쾌락은 종류도 많지만, 쾌락을 얻는 방법도 여러 가지거든
요. 쾌락의 양만 중요하게 생각했던 벤담과 달리, 밀은 왜 쾌락의 질에 대해
서도 생각하게 되었을까요?"

(……)

그리고는 설명을 계속하셨습니다.

"벤담이 살던 시절에 많은 노동자들은 부자나 공장 주인으로부터 낮은

임금을 받으며 학대받고 살았다고 해요. 벤담은 이런 사람들에게 행복을 가져다주고 싶었답니다. 그래서 가능한 많은 사람들에게 행복이 주어지는 것이 더 중요하다고 판단한 거지요. 그래서 쾌락의 질보다 쾌락의 양을 더 중요하게 생각한 거고요."

벤담의 생각을 듣고 보니 절로 고개가 끄덕여졌습니다.

"그러나 밀의 시대는 벤담의 시대와는 조금 달랐어요. 산업혁명이 어느 정도 끝난 뒤라 영국의 노동자들은 자신의 의견을 말할 수 있었고, 또 권리를 주장할 수 있었어요. 바로 밀이 주장한 교육으로 그렇게 된 것이지요. 그러니까 쾌락의 질과 양의 차이는 교육을 받은 사람과 교육을 받지 않은 사람의 차이라고 생각하면 될 거예요. 벤담의 시절 노동자들은 교육을 많이 받지 않았기 때문에 질적인 쾌락보다는 양적인 쾌락을 더 중요하게 생각했습니다. 맛있는 음식보다는 많은 음식이 더 필요한 시절이었던 거지요. 그러나 밀의 시대 사람들은 많은 양의 음식보다는 맛있는 음식을 원했어요."

많은 친구보다 진정한 한 친구 한 명이 더 소중한 것처럼 말이지요?

나는 슬기를 바라보았습니다. 슬기도 나를 바라보고 있었고요. 우리는 서로 빙그레 웃었습니다.

- 《밀이 들려주는 자유주의 이야기》 중에서

① '공공의 행복' 이라는 말의 뜻은 무엇인지 설명하시오.

생각 쓰기

---

② '좋은 행동'과 '나쁜 행동'이란 각각 어떠한 행동인지 설명하시오.

생각 쓰기

----

③ 벤담은 '쾌락의 양'에 대해 중요하게 얘기하고 있다. 반대로 밀은 '쾌락의 질'에 대해 말하고 있다. 벤담과 밀이 그렇게 주장하고 있는 각각의 이유에 대해서 설명하시오.

생각 쓰기

다수결의 원칙

　다수결의 원칙이란 의사를 통일하는 민주주의의 기본 원칙 가운데 하나로, 단체나 기관에서 의사 결정을 할 때 많은 사람들이 찬성하는 쪽을 따르는 방법을 말한다. 민주정치란 한 사람이나 소수에 의해 독점되는 정치가 아니므로, 의사를 결정할 때 합리적이라고 생각되는 최후의 수단으로서 다수결의 원칙이 주로 쓰이고 있다. 하지만 다수의 의견이 항상 옳다고 할 순 없기 때문에, 상호 간의 존중이 밑바탕 된 충분한 토론을 통해 소수의 의견에도 귀를 기울여야 한다.

아비투어 철학 논술

예시 답안

① 존 스튜어트 밀은 1806년 5월 20일 영국에 있는 런던에서 태어났다.

② 밀은 아주 어렸을 때부터 아버지에 의해 엄격한 조기교육을 받았다.

③ 밀은 소년 시기에 읽은 벤담의 저서에 영향을 받아 공리주의자가 되었다.

④ 밀은 질적 쾌락주의자인 데 반해 벤담은 양적 쾌락주의자이다.

⑤ 밀은 경제학뿐 아니라 철학과 정치학 등 광범한 분야에 걸쳐 업적을 남겼다.

⑥ 밀에 따르면 삶의 목적은 쾌락과 행복의 추구에 있다.

⑦ 밀은 여러 사람 가운데 한 사람의 의견이 다르다고 해서 그 사람에게 침묵을 강
요하는 일은 옳지 못하다고 했다.

주 제 탐 구　**01**강　밀과 함께하는 철학 여행

case 1　영국에서 18세기 말에 시작되어 19세기에 발전한 공리주의적 생각은 어떻
게 하면 많은 사람들이 행복한 생활을 할 수 있을까에 대해서 연구하는 것
이다. 이 철학의 대표적 공리주의자인 벤담은 공리주의의 주제를 '최대 다수의 최대
행복' 이라는 말로 요약해서 표현했다. 이 말은 최대한 많은 사람들에게 최대한 많은
행복을 주자는 의미이다. 쉽게 말하면, 가능한 많은 사람들의 의·식·주 생활에서
뿐만 아니라 문화적 생활에서도 굳이 다른 사람들과 비교할 필요가 없을 만큼 물질
적·정신적으로 만족할 수 있게 한다는 것입니다. 이것이 바로 공공의 행복입니다.

case 2 슬기는 국방의 의무가 국민이 가지는 당연한 의무라고 생각한다. 우리나라는 세계에서 유일한 분단국가이고 한국전쟁은 아직 끝나지 않았으므로, 우리를 스스로 지킬 수 있는 것은 국방력을 키우는 일뿐이기 때문이다. 슬기는 우리 민족이 일본의 식민지가 되는 수난을 겪은 것도, 민족끼리 전쟁을 한 것도, 우리나라에 진정한 자유가 없었기 때문이라고 주장한다. 그러므로 우리 힘으로 자유를 얻고, 그 자유에서 나온 힘으로 우리나라를 지키기 위해서 국민이 나라를 위해 희생하는 건 당연한 것이라고 생각한다.

case 3 승헌이는 국방의 의무, 납세의 의무, 근로의 의무, 교육의 의무는 국민이 지켜야 할 4대 의무로써 이를 지키지 않으면 국가 존립에 문제가 생길 수도 있고, 국가의 위기는 곧 개인의 위기가 되는 것이므로 국민들은 국가가 위기에 처하지 않도록 이러한 의무를 잘 지켜야 한다고 말한다. 특히 대한민국의 건강한 남자들이라면 나라를 지키는 데 앞장서기 위해 군대에 가야 한다고 주장한다.

개인의 자유와 의무는 이렇게 서로 대립하기도 한다. 밀이 이야기한 자유에 따른 도덕적 의무는 바로 이러한 상황에 필요하다. 나의 행복이 중요하다면 남의 행복도 중요하기 때문이다. 하지만 한 나라의 법도 다수의 행복을 위해선 꼭 지켜야 하는 것이므로, 자유만큼 중요한 것이라고 할 수 있다.

case 4 개인의 자유가 최대한 보장되어야 한다고 밀이 주장한 이유는 다음과 같다. 첫째, 개인은 '자신의 육체와 정신의 주권자'이므로, 자신의 육체와 정신을 자유롭게 사용할 수 있는 권리를 갖고 있다. 둘째, 개인은 다양한 개성을 갖고 있기 때문에 각자 자유롭게 결정하여 행동하는 것이 개인의 개성을 발휘하는 데 더 좋은 결과를 가져온다. 셋째, 간섭보다는 자유가 개인의 발전과 자아실현에 더 도움을 준다.

주 제 탐 구 **02**강 자유가 무엇일까요?

case 1
생각하고 있는 말을 자유롭게 할 수 있을 때 행동도 자유로워진다는 뜻이다.
밀은 우리가 다른 사람들의 사상과 언론의 자유를 억압하지 않아야 하는 이유를 다음과 같이 설명하고 있다. 만일 다른 사람의 의견이 바른 것임에도 불구하고 그것을 억압한다면 우리는 진리를 알 수 있는 기회를 잃게 된다. 그리고 그 의견이 틀린 것이라 하여 억압한다면 우리는 다양한 의견들 속에서 다양한 진리들을 얻을 수 있는 기회를 놓치게 된다. 결국 자유로운 표현의 자유를 억압한다는 것은 전 인류에게서 행복을 빼앗는다는 말과 다르지 않기 때문이다. 생각하고 있는 말을 자유롭게 이야기하고 많은 사람들과 의견을 나누는 것이 진정으로 올바른 행동을 할 수 있는 기회를 빼앗지 않는 길이며, 올바른 행동을 통해야만 우리는 자유를 느낄 수 있을 것이다.

case 2
당시 미국 남부 지방에 살고 있던 영국 사람들은 많은 노동자가 필요한 목화 농사를 지었기 때문에 아프리카에서 값싼 흑인 노예들을 데려와 노동자로 부렸다.

그렇지만 19세기에 들어오면서 미국에서도 인간의 권리에 대한 생각이 많이 달라졌다. 비록 노예 신분이지만 인간으로 살 권리가 있다고 생각하게 되었다. 그래서 인간의 중요성에 대하여 먼저 깨달은 북부 지방에서는 노예를 더 이상 사고팔 수 없게 법을 정했다. 그러나 미국 남부 지방에서는 목화 농사를 위해서 여전히 노예가 필요했다.

결국 노예제도를 찬성하는 남부 군과 노예제도를 반대하는 북부 군 사이에 전쟁이 일어났고, 그 전쟁은 링컨 대통령의 노예해방 선언과 함께 북부 군의 승리로 끝났다.

case 3 당시 영국에는 왕이 있었지만, 왕은 정치에 참여하지 않고 국회의원들이 정치를 하였다. 대부분의 국회의원들은 귀족 출신이었기 때문에 국민들이 정치에 참여한다는 것은 거의 불가능했다. 왕의 말 한마디에 사람이 죽기도 하고 살기도 하던 때에 왕에게 정면으로 도전한다는 것은 스스로 목숨을 버리는 것과 같은 것이었고, 그러한 상황에서 사람들은 스스로 자신을 보호해야만 했다. 밀은 국민들이 왕으로부터 자신 스스로를 보호하는 것이 바로 자유라고 생각했다. 밀은 미국의 남북전쟁에서 북부의 자유정신을 빌어서 영국 국민들의 자유에 대한 자각을 호소한 것이다.

case 4 서로 빨리 가려는 욕심을 버리고, 타인을 배려하고 주위를 살펴보며, 교통법규와 질서를 지켜야만 한다. 예컨대, 교통신호기의 신호에 따라서 운전을 해야 하는 것이다. 그런데 교통신호기가 고장이 났다면 어떻게 하여야 하는가? 이럴 때 네 방향에서 모여든 차들이 서로 한 번씩만 양보하여 차를 한 방향에서 한 대씩 움직이는 방법으로 기다리면서 운전한다면 훨씬 차가 수월하게 빠질 것이다. 그 외에도 큰길 쪽에서 오는 차가 작은 길에서 오는 차보다 우선해서 운전한다거나, 운전하는 사람의 방향에서 보아 오른쪽에서 건너가는 차가 왼쪽으로 길을 건너는 차보다 우선 가게 하는 방법도 있다.

이렇게 남을 방해하지 않는 생각, 남을 배려하는 마음들이 모이면 공공의 행복, 즉 사회에 모여 사는 우리 모두의 행복이 늘어날 것이다.

주 제 탐 구 **03**강 자유에 따른 도덕적 의무

case 1
남들보다 더 힘을 가진 사람이 자신과 생각이 다르다고 나머지 사람 전부에게 의견을 말할 자유를 침묵하도록 강요하는 일은 강자가 약자에게 일방적으로 지시하는 '강요와 강제'이다. 다수의 결정이 있다고 하더라도 만일 자신과 생각이 다른 실제로는 소수의 사람의 의견이 옳다면, 그러한 강제는 진정한 진리를 생생하게 밝힐 수 있는 소중한 기회를 잃어버리게 만들 것이기 때문이다. 역사적으로도 다수결을 가장한 독재자의 집권과 같이 소수에게 큰 피해를 주었던 좋은 예들이 있다.

case 2
① 공공의 행복이라는 것은 많은 사람들이 모두 행복한 것을 뜻한다. 사람들이 모여 사는 사회에서는 다른 사람들도 나와 똑같이 자유롭게 생각하고 행동하고 싶어 한다. 그리고 행복을 얻으려고 노력한다. 밀은 이렇게 모든 사람들이 함께 어울려 자신의 행복을 추구하는 것을 '공공의 행복'이라고 말한다.

② 행복이 늘어나는 행동은 좋은 행동이고, 반대로 행복이 줄어드는 행동은 나쁜 행동이다. 밀은 자유롭게 어떤 행동을 하고 그 결과가 나 자신뿐만 아니라 많은 사람들에게 행복과 만족을 줄 경우, 그 행동은 올바르고 좋은 것이라고 생각했다. 그래서 그런 행동은 도덕적으로 옳은 것이므로 서로 권해야 한다고 주장하였다. 그러나 그 반대의 경우, 즉 나와 남에게 모두 해가 되거나 불행을 가져다줄 경우, 그 행동은 나쁜 행동이므로 해서는 안 되고 금지해야 한다고 주장하였다.

③ 벤담이 살던 시절의 많은 노동자는 부자나 공장 주인으로부터 낮은 임금으로 학대받고 살았다. 벤담은 이런 사람들에게 행복을 가져다주고 싶었다. 그래서 가능한 많은 사람들에게 행복이 주어지는 것이 더 중요하다고 판단했고, 따라서 쾌락의 질보다 쾌락의 양을 더 중요하게 생각했다.

그러나 밀의 시대는 벤담의 시대와는 조금 다르다. 산업혁명이 어느 정도 끝난 뒤라 영국의 노동자들은 자신의 의견을 말할 수 있었고, 자신의 권리도 주장할 수 있었다. 그것은 바로 밀이 주장한 교육으로 그렇게 된 것이다.

벤담의 시대가 맛있는 음식보다는 많은 음식이 더 필요한 시절이었다면, 밀의 시대는 많은 양의 음식보다는 맛있는 음식을 원한 시절이었다.

철학자가 들려주는 철학이야기 **022**

토마스 아퀴나스가 들려주는 신앙 이야기

저자_이정배
강원대학교 물리학과를 졸업하고 감리교신학대학교 대학원에서 석사 학위를
받았다. 현재 강원대학교 국어국문학과 박사 과정 중에 있고, 춘천 YMCA 독서
지도사 자격 과정 전임 강사로 활동하고 있으며, 2004년과 2005년에 강원청소
년영화제 심사위원장과 2005년 FISH EYE 국제영화제 심사위원장을 역임했다.

토마스 아퀴나스

Thomas Aquinas

토마스 아퀴나스는 누구일까? 다음 글을 읽고 토마스 아퀴나스가 살았던 시대를 상상하며 그가 어떤 인물이었는지 요약하시오.

　토마스 아퀴나스는 1225년 나폴리 왕국의 로카세카에서 귀족의 아들로 태어났다. 다섯 살 때 몬테카시노 수도원에 들어갔다가 14세 때 대학에서 공부하기 위해 나폴리로 간다. 거기서 아리스토텔레스의 해설서를 쓴 페트루스라는 사람을 만나게 되는데 그는 토마스 아퀴나스를 그리스철학으로 이끌어 준 스승이다.

　그는 20세가 되어 도미니크수도회에 입회한 후 파리로 간다. 파리와 쾰른에서 교수로 지낸 아퀴나스는 1259년에 다시 이탈리아 로마로 돌아와 교황청 강사로 지내게 된다.

　다시 파리로 돌아가 교수가 되려 했을 때, 많은 사람들이 그를 반대한다. 그가 아리스토텔레스를 지지하는 것에 대해 못마땅해하던 사람들이 많았기 때문이다. 그러나 그는 논리적인 변호로 반대자들의 귀를 기울이게 만든다. 파리에서 교수로 지내던 그는 다시 이탈리아로 돌아온다. 이탈리아에서 활동하던 그는 교황 그레고리우스 10세 때 리옹 공의회에 초청을 받아

그곳으로 가던 도중, 1274년 3월 7일 한 수도원에서 생을 마감한다.

토마스 아퀴나스는 《신학대전》이란 방대한 책 외에도 많은 저서를 남겼다. 토마스 아퀴나스는 주로 아리스토텔레스의 해설서를 많이 썼으며, 경험과 관찰을 중시한 아리스토텔레스의 이론이 그의 저서에 큰 영향을 끼쳤다.

주 요 개 념 및 배 경 지 식

1 도미니크수도회

　성 도미니크의 정신을 이어받은 가톨릭 수도회 중의 하나이다. 도미니크는 청빈을 강조하여 1220년 제1회 도미니크 설교자 수도회 총회에서 탁발 생활을 원칙으로 하는 규약을 제정했는데 이것이 도미니크수도회의 시작이다. 성직자들의 구걸 생활은 금지되어 있었지만, 청빈을 강조하기 위해 개인 교회도 재산을 소유하지 못하도록 했다. 당시에는 수도사 개인이 재산을 소유하지 못하는 것을 당연하게 생각했었지만, 수도원이 재산을 가지고 있는 것에 대해서는 별 생각이 없었다. 그러나 도미니크수도회는 수도원의 재산 소유마저도 포기하였다. 도미니크수도회는 프란시스에 의해 설립된 프란시스 수도회와 함께 중세 가톨릭의 양대 탁발 수도회이다.

2 공의회

　전 세계의 가톨릭 교구 지도자들과 신학자들이 모여 교회의 신조와 원칙에 관한 문제를 의논하고 결정하는 회의를 일컫는 말이다.

325년 로마 제국의 주교들이 모인 니케아공의회는 최초의 공적인 공의회라고 할 수 있다. 1564년 교황 피우스 비오 4세 때에 열린 트리엔트공의회 때부터 교회 전반적인 문제를 다루는 공식 회의로 자리 잡았다.

3 아리스토텔레스

아리스토텔레스는 BC 384년 스타게이로스에서 출생한 그리스의 철학자이다. 17세 때 플라톤의 아카데미아에 들어가, 스승이 죽을 때까지 거기서 머물렀다. 한때 알렉산드로스 대왕도 교육했던 그는 여러 곳에서 연구와 교수를 거쳐, BC 335년에는 다시 아테네로 돌아와 리케이온에서 직접 학원을 열었다.

스승 플라톤이 초감각적인 이데아의 세계를 존중한 것과는 달리, 아리스토텔레스는 인간에게 가까운 자연물을 존중하고 이를 지배하는 원인에 대한 인식을 구하는 현실주의 입장을 취하였다.

하지만 그의 사상을 플라톤 사상과 완전히 대립되었다고만 보아서는 안 된다. 아리스토텔레스의 사상은 스승 플라톤의 철학에서 깊은 영향을 받아 출발했기 때문이다.

주 제 탐 구

01강 아는 것과 믿는 것

case 1 아는 것과 믿는 것은 서로 깊은 관계가 있지만 분명 다르다. 아는 것과 믿는 것의 차이가 무엇인지 설명하시오.

"그래? 그럼 내가 평소에 궁금했던 것을 물어봐도 될까?"

마리엘이 동그란 눈을 반짝이며 물었어.

"뭔데 그래? 무엇이든지 물어봐. 내가 아는 것이면 알려 줄게."

"칫, 쟤가 뭘 안다고 그래? 쟤도 우리랑 똑같은 아이일 뿐인데."

마리오는 마리엘이 못마땅했는지 툴툴거렸어.

"우리는 숲 속에서만 살아서 그런지 종교니, 신앙이니 그런 것을 잘 몰라. 그런데 나 혼자 생각하기로 믿는 것과 아는 것이 똑같은 것 같아. 내가 마리오 오빠를 믿으니까 잘 알고 또 잘 아니까 믿는 것 아니니?"

토마스는 '이때다' 라고 생각했어. 마침 토마스가 수도원에서 공부한 내용을 마리엘이 물어 왔거든.

"내가 배우기론 신앙과 지식은 분명히 다른 거야. 믿음은 의지의 문제이지만 지식은 앎의 문제거든."

"의지의 문제? 그게 무슨 말이야?"

"'물에 빠진 사람은 지푸라기라도 잡으려고 한다' 는 말 알지?"

"그야 당연히 알지."

"물에 빠진 사람은 우선 살려는 의지가 강하니까 지푸라기든 무엇이든 붙잡으려고 해. 그 사람에게는 지푸라기든 가는 밧줄이든 나무줄기든, 자신이 붙잡으려는 물건이 무엇인지를 아는 것이 중요치 않아. '저것은 붙잡으면 살겠구나!' 라는 믿음이 중요한 거야. 내가 생각하기에 신앙이란 많은 사람들이 평소 갖고 있는 생각, 즉 속견과 과학적 지식의 중간에 자리 잡고 있어. 신앙은 대상을 굳건히 믿으니까 흔히 사람들이 아는 상식을 뛰어넘을 수 있는 거야."

–《토마스 아퀴나스가 들려주는 신앙 이야기》 중에서

생각 쓰기

주 요 개 념 및 배 경 지 식

1 신앙

신이나 진리 등과 같은, 절대적인 가치를 신뢰하여 그것의 가르침을 믿고 따르는 일을 의미한다. 신앙이 일정한 틀을 갖추어 전승되거나 확산되면 종교로 자리 잡게 된다. 그런 면에서 신앙은 개인적인 입장에서 말하는 것이고, 종교는 사회적인 입장에서 말하는 것이다.

2 수도원

수사나 수녀가 일정한 규율 아래 공동생활을 하면서 수행하는 곳으로 수사원과 수녀원으로 나눈다.

기독교 수도사들은 《구약성서》와 《신약성서》에서, 특히 예수그리스도와 성모마리아의 삶을 금욕 생활의 본보기로 삼는다. 수도원의 생활과 수행 방법은 4세기 즈음에 완전히 정착하게 된다.

헌신과 봉사를 목적으로 하거나 일생 동안 침묵을 수행하는 등, 수도원마다 나름의 방식과 규율이 있다.

3 속견

단순하게 설명하면 일반 사람들의 의견을 말한다. 하지만 그 의미가 변형되어 시시한 생각이나 별 볼일 없는 생각을 지칭할 때 사용하곤 한다. 일반인들이 알고 있는 상식과 관계가 깊다. 일반적인 지식과 일반적인 생각은 연결되기 때문이다.

"그럼 감정과 신앙은 어떻게 다른 거야? 나는 마을에 나왔다가 예쁜 여자 아이를 보면 그 아이와 이야기를 하고 싶고, 같이 놀고 싶은 마음이 솟구치면서 그 아이도 나를 좋아하리라고 믿는 마음이 강해지거든."

"으이구, 오빠도 참. 그건 믿음이 아니라 왕자병이지."

"뭐라고, 이게 오빠한테!"

마리오는 마리엘의 머리를 콩 쥐어박았어. 토마스는 마리엘을 도와주려고 하지 않고 무언가 골똘히 생각하는 듯했어.

"마리오, 그건 약간 복잡한데. 감정 중의 대표적인 것으로 쾌와 불쾌라는 것이 있어."

"쾌와 불쾌?"

"쾌는 즐겁고 기쁜 것을 말하는 것이고 불쾌는 싫어하고 미워하는 감정을 말하는 거야. 사랑을 예로 들면 그것은 간단히 말해서 누군가를 좋아하는 감정이지. 그런데 신앙은 의지가 있어야만 해. 어떤 여자 아이가 제아무리 못생겼다 할지라도 네가 그 여자 아이를 위해서 무엇이든지 할 수 있고, 그렇게 해서 네 마음이 편할 수 있다면, 너는 그 여자 아이를 믿는다고 말할

83

수 있어. 기독교 신앙은 나의 모든 것을 맡기고 의지함으로써 나의 행복을 얻는 것이라고 말할 수 있을 거야."

"음……."

"이제 알겠니?"

"결국 마리오 오빠는 마을에서 본 여자 아이가 예쁘지 않다면 좋아하지 않을 거고, 그럼 오빠는 믿음이 없다고 할 수 있겠네, 그렇지?"

-《토마스 아퀴나스가 들려주는 신앙 이야기》 중에서

생각 쓰기

---

1 쾌와 불쾌

토마스 아퀴나스는 아리스토텔레스의 영향을 받아, 인간 본성에는 '지, 정, 의' 라는 세 가지 기능이 있다고 말한다. 인간은 또한 감각적 기능을 갖고 있는데 여기에는 눈, 코, 귀, 입 등의 감각기관과 상상력, 기억력, 판단력 등이 있다고 한다. 그 외에 인간은 쾌와 불쾌 그리고 분노의 욕구를 가지고 있다.

쾌는 즐겁고 기쁘고 행복한 것을 의미하고, 불쾌는 싫어하고 미워하는 감정을 의미한다. 누구나 늘 행복한 감정을 갖고 살기를 원하지만 인간은 불완전하기 때문에 불쾌함이 있을 수밖에 없다. 하지만 아퀴나스는 신을 직관할 때 완전한 행복을 맛볼 수 있다고 말했다.

2 사랑

일반적으로 사랑은 어떤 상대를 좋아하는 감정을 말한다. 그러나 인간의 감정은 불완전하기 때문에 사랑을 감정으로만 보면 문제가 생긴다. 사랑은 변하지 않아야 하고 절대적이어야 하기 때문이다. 따라서 아퀴나스에게 있어 사랑은 의지가 함께 있어야 하는 것이다. 상대를 절대적으로 믿는 마음에 의지가 필요한 것처럼 말이다.

3 말씀

기독교에서 말씀이란 단어는 신이 자신의 계획과 목적을 인간에게 알리고 그것을 성취시키는 수단을 의미한다. 철학에서는 언어를 매체로 하여 표현되는 이성 또는 그 이성의 자유를 의미한다. 스토아학파에서는 숙명적·필연적으로 사람을 지배하는 신을 지칭했다. 그리고 신학적으로는 예수그리스도를 의미한다.

02강 철학은 신학의 하녀인가?

case 1 '철학이란 무엇인가'라는 물음처럼 어려운 질문은 없다. 시대마다, 철학자마다 대답이 다르기 때문이다. 단지 철학은 무엇을 바탕으로 하고 있느냐 하는 질문은 가능하다. 다음 제시문을 통해 철학의 바탕에 대해 설명하시오.

"오빠, 아까 우리가 만날 때 암호를 '철학은 신학의 하녀이다'라고 했잖아. 그런데 도대체 철학은 뭐야?"

"음, 철학은 쉽게 말해서 추리하는 작업이야?"

"추리?"

"응. 알고 있는 것을 바탕으로 알지 못하는 것을 알아내는 게 바로 추리란다."

"응. 반지를 훔친 범인을 추리하는 것처럼 말이야?"

"그렇지. 철학이란 것은 이 추리를 바탕으로 해야 해. 철학은 과거나 현재의 지식으로부터 새로운 지식을 이끌어 낸단다. 어떻게 보면 새로운 지식을 발견하는 일이라고 볼 수도 있어. 그럼 추리라는 것을 어떻게 설명해 줄까? 음, 어떤 예가 좋을까? 그래. 이런 게 좋겠다. 마리엘, 네가 오늘 점심에, 보

통 때 먹지 않던 매운 고추를 먹었더니 땀이 많이 나고 속이 몹시 쓰렸다고

하자."

"응."

"그럼 내일 고추를 먹으면 어떻겠니?"

"그야 당연히 속이 쓰리고 땀이 많이 나겠지."

"그렇지? 간단하지만 방금 우리가 한 것도 추리라고 할 수 있어. 이 추리

를 바탕으로 새로운 지식을 발견하고 이끌어 내는 것, 이게 바로 철학이야."

-《토마스 아퀴나스가 들려주는 신앙 이야기》 중에서

생각 쓰기

주 요 개 념 및 배 경 지 식

1 추리

알고 있는 것을 바탕으로 알지 못하는 것을 미루어 생각하는 것을 추리라고 한다. 모든 지식은 경험에서만 오는 것이 아니다. 생각을 조합하고 정리해서도 지식을 얻을 수 있다. 하나의 수학 공식과 다른 공식을 조합하여 새로운 공식을 만들어 낼 수 있는 것과 같다. 또한 공식을 알고 있으면 다양한 경우에 적용시킬 수 있다. 이러한 지식 습득 과정을 추리 또는 추론이라고 한다.

2 암호

비밀을 유지하기 위해 아는 사람들끼리만 사용하는 기호를 암호라고 한다. 그러기 위해서는 말하는 사람과 듣는 사람이 같은 암호 체계를 가지고 있어야 한다. 다르면 서로 다르게 해석하기 때문이다. 넓은 의미에서 언어도 암호이다. 알고 있는 사람들이 많다는 것일 뿐, 서로의 약속에 의해 정보를 주고받는다는 점에서 암호라 할 수 있다.

토마스는 속으로 웃으면서 말을 이어 나갔어.

"자, 그럼 계속 이야기해 볼게. 그런데…… 어디까지 했더라, 마리엘?"

"철학과 신학의 다른 점에 대해서 이야기할 차례야, 토마스 오빠. 철학과 신학? 둘 다 머리 아픈 공부라는 점에서 똑같은 것 아니야?"

"아니야. 철학과 신학은 분명히 다른 거야. 철학은 어디까지나 지식을 추리하는 것을 바탕으로 삼아. 그렇지만 신학은 종교적 신앙을 근본으로 삼지. 신앙이 뭔지는 내가 전에 숲 속 오두막에서 얘기해 줘서 알지?"

-《토마스 아퀴나스가 들려주는 신앙 이야기》 중에서

1 이성

이성이란 이치에 맞게 생각할 줄 아는 능력을 말한다. 다르게 말하면, 사물을 바르게 판단하는 능력, 진실과 거짓, 선과 악을 구별하는 능력이다. 이성은 감성의 반대 의미로 사용되기도 하지만 때로 신과 반대편에 있는 단어로 생각하기도 한다. 신을 인간의 이성을 넘어선 존재라고 생각하는 한 이성과 신은 상대적인 단어일 수밖에 없다.

2 신

신은 종교의 대상으로서 초인간적이고 초자연적인 위력, 즉 인간과 자연의 힘을 넘어서는 능력을 가진 절대적 존재를 말한다. 그러나 신을 인간의 생각을 넘어선 존재라고 정의한다면 인간은 신을 알 수 없다는 결론에 이르게 된다. 따라서 인간이 신을 알 수 없기 때문에 신을 믿을 수밖에 없다는 결론은 자칫 모순에 빠질 수 있다.

3 르네상스

중세와 근세 사이 서유럽 문명에 나타난 역사 시기와 그 시대에 일어났던 문화 운동을 말한다. 학문 또는 예술의 재생이라는 의미를 가진 프랑스어로 고대 그리스 로마 문화를 이상으로 부흥시킴으로 문화를 재창출하려는 움직임이다.

인간성의 해방과 인간의 재발견 그리고 합리적인 사고와 생활 방식의 길을 열어 준 이 운동은 이탈리아에서 시작되어 유럽 전체로 확산되었다. 스위스의 부르크하르트는 르네상스와 중세를 완전히 대립된 것으로 파악하여 중세를 암흑의 시대라고 혹평하였다.

case 3 신학자들은 '철학은 신학의 하녀'라고 했는데 그 의미를 설명하고 과연 그 러한지를 **가**와 **나**의 제시문을 통해 논술하시오.

가 많은 신학자들이 신학을 '모든 학문의 여왕'으로 추앙한다. 그래서 '철학은 신학의 하녀이다'라고 이들은 주장한다. 여기서 철학은 단순히 하나의 학문 분야를 말하는 것이 아니라 학문 전체를 대표하는 것이다. 왜냐하면 이 주장이 나올 당시의 학문은 오늘날처럼 여러 분과로 나누어지지 않았고 오직 철학만이 존재했기 때문이다. 결국 신학자들이 모든 학문을 신학의 하녀라고 생각한 셈이다.

나 신학은 정말 모든 학문의 여왕일까? 그렇다고 해 보자. 그러면 왕은 어떻게 처신해야 할까? 백성의 존경을 받는 성군이 되자면, 왕은 백성을 바로 알아야 한다. 백성을 바로 알지 못할 때 왕은 폭군이 되고, 백성은 도탄과 실의에 빠지게 된다. 실제로 수많은 왕들이 민심을 제대로 읽지 못하고 폭정을 일삼았음을 세계 역사가 보여 주지 않는가? 그러면 이제까지 신학은 성군이었는가, 아니면 폭군이었는가?

생각 쓰기

1 추앙

어떤 사람이나 대상을 높게 떠받드는 것을 말한다. 추앙은 강제로 할 수 있는 일이 아니다. 이것은 전적으로 마음속 깊은 곳에서 자발적으로 일어나는 존경심이다. 따라서 신학자들이 신학을 학문의 여왕으로 추앙하는 것은 모순이다. 자기 자신과 관련된 것을 추앙하는 것은 정당하지 못하기 때문이다.

2 학문의 여왕

장엄하면서도 매력적이라는 의미에서 여왕이란 단어를 사용했다. 모든 학문의 최고 우위에 신학이 있다는 의미에서, 신학을 모든 학문의 여왕이라고 말했다. 이러한 은유는 후에 독일의 수학자 가우스에 의해 '수학은 모든 학문의 여왕이다' 라는 주장에 사용된다.

3 철학은 신학의 하녀

이 말은 토마스 아퀴나스가 처음 자신의 저서에서 사용했다. 철학은 신학을 연구하는 데 쓰이는 보조 과학이나 방법론이라는 의미에서 썼던 것이다. 그러나 역으로 중세를 암흑의 시대로 규정한 르네상스 이후의 인문주의자들에 의해, 중세 시대를 부정적으로 말할 때 사용하기도 하였다.

아비투어 철학 논술

예시 답안

① 토마스 아퀴나스는 1225년 나폴리 왕국의 로카세카에서 태어났다.

② 14세 때 나폴리로 가서 아리스토텔레스에 심취한 페트루스를 만나 그를 스승으로 삼았다.

③ 20세에 파리로 가서 교수로 지내다가 이탈리아로 돌아왔다.

④ 프랑스와 이탈리아를 오가며 교수로 지냈다.

⑤ 토마스 아퀴나스의 대표작은 《신학대전》이고 그 외에 많은 아리스토텔레스의 해설서를 썼다.

주 제 탐 구 **01**강 아는 것과 믿는 것

case 1 '백 번 묻는 것보다 한 번 보는 것이 낫다'는 속담처럼, 사람들은 뭔가를 직접 확인하고 싶어 한다. 상대에 대한 지식이 있어야 믿을 수 있다고 생각하기 때문이다. 그래서 아는 것과 믿는 것이 같은 것이라고 생각하기도 한다.

물론 사물에 대해서는 아는 것과 믿는 것이 일치한다. 모르고 믿을 수는 없기 때문이다. 하지만 신앙에 있어서 아는 것과 믿는 것은 다르다. 심지어 믿는 것이 아는 것보다 앞설 수도 있다.

신에 대해서 잘 알아야 믿을 수 있는 것이 아니고, 먼저 믿고자 하는 의지가 있어야 신을 알 수 있게 된다는 뜻이다.

어쩌면 사람에 대해서도 그럴지 모른다. 의심의 눈으로는 다른 사람을 제대로 이해하고 알 수가 없기 때문이다. 따라서 신앙이란 점에서는 믿는 것이 최우선이고 아는 것이 부차적이다.

case 2 감정은 우리의 다섯 가지 감각을 통해 입수된 정보가 우리의 마음을 자극하여 일어나는 작용이다. 예쁜 꽃을 봤을 때, 다가가서 만지고 냄새 맡고 누군가에게 주고 싶은 마음이 불쑥 일어나는 것은 감정 때문이다. 꽃향기를 맡으면 마음이 평안해지고 따뜻해지는 것을 느낄 수 있다.

그렇다고 해서 모든 감정이 좋은 것만 있는 것은 아니다. 우리 마음속에서는 나쁜 감정이 일어날 때도 있고 좋은 감정이 일어날 때도 있다. 때론 방금 좋았던 감정이 금세 나빠지기도 한다. 그래서 감정을 믿을 수 없다고 말하는 것이다.

신앙은 믿음이다. 그러므로 신앙은 감정처럼 쉽게 흔들려서는 안 된다. 그래서 신앙은 감정적이라고 말하지 않는 것이다. 일시적인 감정만으로 신앙을 갖는다면 언제라도 감정 변화에 따라 버릴 수 있기 때문이다.

따라서 신앙은 감정보다는 의지의 문제이다. 어떤 상황에서도 믿을 수 있고 확신할 수 있으려면 의지가 함께 있어야 한다. 의지는 절대자에 대한 변함없는 믿음을 뒷받침해 주기 때문이다.

case 1 철학은 이성을 사용하여 지식을 얻는 일이다. 지식을 얻는 방법은 여러 가지이다. 직접 경험을 통해서 얻을 수도 있고, 다른 사람의 경험을 통해 얻을 수도 있다. 때로는 느낌이나 직감으로 얻을 수도 있다.

그러나 철학은 철저히 논리적 작업에 의해 지식을 얻는다. 과거와 현재의 지식을 바탕으로 새로운 지식을 이끌어 내는데, 이러한 작업을 추리라고 한다. 논리적으로 추리한다고 해서 추론이라고도 한다.

우리는 무언가를 알기 위해, 모든 것을 다 경험할 수도, 그렇게 할 필요도 없다. 과거의 경험을 바탕으로 추리를 함으로써, 직접 경험하지 않고도 어떤 일을 예측할 수 있기 때문이다. 결국 추리는 우리가 직접 경험하지 않고도 과거의 유사한 경험과 지식을 바탕으로 새로운 경험과 지식을 이끌어 내는 것을 말한다.

case 2 철학과 신학 모두 진리를 탐구한다는 점에서 비슷하다. 그러나 탐구해 나가는 방법과 목표가 다르다.

철학은 지식 습득을 목표로 하고 있으며 그 방법은 추리이다. 기존의 진리를 기반으로, 추리를 통해 새로운 진리를 탐구해 나간다. 반면에 신학은 종교적 신앙을 기반으로 하여 절대적 진리인 신에 도달하려고 노력한다.

case 3 '철학은 신학의 하녀'라는 주장은 중세 시대의 신학자들에 의해 생겨났다. 이러한 주장은 이성보다 신앙이 더 높은 곳에 있다는 가정에서 출발한다. 신앙은 인간이 머리로 알 수 있는 이성을 훨씬 뛰어넘는 위대한 힘이라고 정의했기 때문이다. 따라서 이성은 한계가 있으며 이성으로 얻어진 학문, 특히 철학은 영원히 신학의 테두리 안에 있을 수밖에 없다.

그들은 철학을 탐구하는 것은 신학을 뒷받침하기 위해서라고 정의했다. 일반인들을 신앙으로 인도하거나 진리를 알려 주기 위해서는 철학을 이용할 수밖에 없다. 여기에서 철학은 신학을 탐구해 나가거나 신학을 일반인들에게 널리 전해 주기 위해서 사용되는 도구일 뿐이다. 따라서 철학은 신학의 하녀가 될 수밖에 없다고 주장한다.

중세 시대에는 신학의 목표와 방법이 철학보다 절대적으로 우위에 있다고 생각했다. 그러나 르네상스 이후 인간의 이성이 중요시되면서 추리에 의한 진리 탐구 방식을 더욱 존중하게 되었다. 이때부터 철학은 신학으로부터 독자적인 길을 걷게 된다.

철학자가 들려주는 철학이야기 023

퇴계 이황이 들려주는 경 이야기

저자_**유성선**
현재 강원대학교 철학과 교수로 재직 중이다.

퇴계 이황

退溪 李滉

아래의 제시된 글은 퇴계 이황의 생애이다. 제시된 글을 읽고 퇴계 이황은 어떤 사람이고, 그가 평소 중요하다고 여긴 것은 무엇이었는지 요약해 보시오.

퇴계 이황(1501년~1570년)은 조선 명종 시대의 철학자이며 정치가로, 연산군 7년(1501년)에 경상북도 안동시에서 진성 이씨 이식과 그의 후실 박씨 부인 사이에서 7남 1녀 중 막내아들로 태어났다. 이황은 태어난 지 7개월 만에 아버지가 돌아가셨기 때문에 아버지의 얼굴도 기억하지 못한 채 자랐다. 그래서 그의 어머니는 홀로 8남매를 키우며 농사와 길쌈으로 가난한 살림을 꾸려 나갔다.

집안이 가난했던 탓에 이황은 다른 아이들처럼 따로 스승을 두고 공부하지 못했다. 그 대신 그는 숙부인 이우에게 학문을 배우며 선비가 갖춰야 할 덕목을 깨달았다.

그러나 다른 누구보다도 이황의 참 스승은 바로 어머니였다.

"아버지가 안 계시므로 공부도 남보다 잘 해야 한다. 특히 행실이 바른 사람이 되어야 한다. 그렇지 않으면 '홀어머니 밑에서 자라 저 모양이다' 라고 손가락질을 받을 테니, 아버지와 조상님들께 욕 되는 일이 없도록 해라."

이황은 어머니의 가르침에 따라 절대로 어긋난 행동을 하지 않았다. 공부할 때는 단 한 번도 누워서 책을 본 적이 없을 정도였다.

이황은 스물네 살 때 공부를 더 하기 위해 한양으로 떠났다. 몇 날 며칠을 걸어야 하는 긴 여행이었기 때문에, 하인 한 사람이 길잡이로 따라왔다. 그러던 어느 날, 이들은 해가 져서 하는 수 없이 산길에서 밥을 해 먹게 되었다. 그런데 하인이 지어서 내놓은 밥은 그냥 쌀밥이 아닌 콩밥이었다.

"이게 어찌 된 일이냐, 왜 밥에 콩이 섞여 있는 거냐?"

"콩밭이 있기에 몇 개 따서 넣었습니다."

"뭐라고, 도둑질을 했단 말이냐. 당장 콩밭 주인을 찾아가 사실대로 얘기하고 잘못을 빌고 오너라. 그러기 전까지는 절대 밥을 먹지 않을 것이다."

결국 하인은 어두운 밤길을 걸어 콩밭 주인을 찾아가서 용서를 빌었다. 이황은 이렇듯 콩 한 쪽이라도 옳지 않은 방법으로 얻은 것이라면 결코 받아들이지 않았다.

이황은 스물일곱 살 때 조선 시대의 대학이었던 성균관에 입학했다. 그러나 곧이어 개혁파 선비들을 몰아내기 위한 사건인 '기묘사화'를 겪게 되었다. 이 사건으로 인해 수많은 젊은 인재들이 벼슬을 포기하고 학문을 게을리하게 되었으나, 이황은 오히려 동료들을 격려하여 학문에 계속 매진하였다.

이황은 또한 수양이 덜 된 사람이 벼슬을 하며 나라의 재산을 축내는 것은 백성의 세금을 도둑질하는 것과 같다고 생각하였다. 그래서 벼슬에도 관심을 두지 않았다. 그리고 평생을 검소하게 살았다. 이황이 홍문관에서 벼슬을 하고 있던 어느 날, 당시 좌의정인 권철이 집으로 찾아왔다. 권철은 행주산성을 승리로 이끈 권율 장군의 아버지로 이황과 같은 시대의 대학자였다. 권철의 방문에 이황은 떨 듯이 기뻐하며 정성 들여 저녁상을 준비시켰지만 평소 기름기 있는 음식만 먹던 권철에게는 입에 맞지 않는 초라한 밥상에 불과했다. 그럼에도 불구하고 그날 이후 권철은 만나는 사람들 모두에게 이황의 청빈함을 입에 침이 마르도록 칭찬하였으며, 자신도 검소한 생활을 시작했다.

　퇴계 이황은 벼슬에 연연하기보다는 풍치 좋은 곳에서 학문 닦기를 즐겼다. 따라서 풍기 군수를 지낸 뒤 사직하고 고향으로 내려와 도산서당을 세우고 제자들을 가르쳤다.

　그는 그 뒤에도 30여 차례나 벼슬을 제의받았으나 마지못해 잠시 나갔다가도 곧 사퇴하여 귀향하기를 반복하였다. 일흔에 가까운 나이임에도 여전히 제자들을 가르치며 학문 연구에 힘썼다. 특히 우주의 근본 원리와 인간의 본성을 연구하는 성리학을 크게 발전시킨 그는, 훗날 '동방의 주자' 라는 평가를 받았다.

　그는 죽음이 가까워 오자 자제들을 시켜 다른 사람들에게 빌려온 책들을 모두 돌려보내게 하였으며 그의 묘 앞에는 큰 비석을 세우지 말라고 일렀다. 그리고 1570년 12월 8일, 그는 70세의 나이로 청빈하고 어진 선비의 삶을 마감했다.

1 성리학(性理學)

성리학이라는 말은 원래 정자의 '성품이 곧 이치이다' 라는 '성즉리(性卽理)' 란 말에 근거하고 있다. 이는 인간의 본래 성품이 곧 하늘의 이치라는 것이다. 주자가 이것을 철학적으로 명확하게 정리하여 완성시켰기 때문에, 주자가 완성한 학문을 성리학이라고 부른다. 성리학은 여러 가지 용어로 불리고 있는데, 특히 조선에서의 성리학은 주자학과 같은 뜻으로 사용하고 있다. 즉 퇴계나 율곡 선생이 연구한 성리학이 곧 주자학인데, 이는 주자학을 좀 더 깊이 있게 발전시킨 것이라 말할 수 있다.

성리학은 공자와 맹자의 전통도 잇고 있기 때문에 인간의 현실적인 삶을 중요시하고 있다. 다른 종교와 달리 신을 숭배하거나 죽은 뒤의 문제를 다루지 않다. 그래서 성리학도 공자와 맹자의 정신과 같이 정치, 교육, 사회, 윤리 도덕의 문제에 관심을 두었다.

2 기묘사화(己卯士禍)

사화란 '사림의 화' 를 뜻하고, '사림' 이란 정계에 진출한 유학자들을 말하는 것이다. '화' 라는 말은 재앙을 뜻하는 것으로, 학자 출신의 벼슬아치들이 수난을 당한 것을 말한다.

'기묘사화' 는 조선 중종 14년(1519)에 일어난 사화이다. 연산군을 몰아내고 왕위에 오른 중종은 연산군 시절의 문제점들을 지적하고 개혁하고자 하였다. 그래서 당시의 대학교였던 성균관의 규모를 늘려 명망 있는 신진 사림파를 등용하였다. 그러나 조정의 실권을 장악하고 있던 관료학자들(훈구파)은 다시 세력을 잡기 위해 왕을 앞장세워 신진 사림파들을 몰아내는데, 이 사건을 기묘사화라고 한다.

3 도산서당(道山書堂, 도산서원)

도산서당은 경상북도 안동시 도산면 토계리 도산서원의 경내에 위치하고 있다. 도산서당은 1560년, 조선 시대의 대학자인 퇴계 이황에 의해 설계되고 건축되었으며 퇴계는 이곳에서 말년을 보냈다. 도산서당은 기본적으로 부엌, 온돌방, 그리고 마루 등 세 칸으로 구성되는 단순한 구조로 이루어져 있다.

1강 '경(敬)'이란 무엇인가?
2강 올바른 생각과 마음가짐은 왜 중요한가?

01강 '경(敬)'이란 무엇인가?

case 1 퇴계 이황은 '경'이란 사람과 사물을 대하는 공손한 태도이며 상대를 우러러보는 조심스런 태도라고 하였다. 다음 글을 읽고 제시문에 나타난 '경'은 어떤 모습이며, 여러분들이 일상생활 속에서 실천할 수 있는 '경'은 무엇인지 서술해 보시오.

가 퇴계 이황 선생님은 '경' 하는 삶을 살자고 말씀하셨습니다.

'경'은 무엇일까요? 우리들은 '경'보다는 '공경'이라는 말에 더 익숙합니다. 공경은 사람과 사물을 대하는 공손한 태도이며 상대를 우러러보는 조심스런 태도를 말합니다.

그러기 위해서 우선 마음을 한곳에 모아야 합니다. 항상 할 일에 대해서는 미리 고민하고 걱정하는 준비 과정이 필요합니다. 여유 있게 대비하는 것이지요. 일이 다 끝난 상태에서 그 결과를 가지고 걱정하는 것이 아니라, 어떤 일이 생기기 전에 자만하지 않고 매우 신중하게 준비하는 것은 이 세상의 모든 것을 우리 것으로 만들 수 있게 해 준답니다.

이처럼 사람에게는 존경과 공경으로 대하고 사물을 조심스럽게 대하는 태도가 바로 퇴계 이황이 중요하게 여기는 '경'이라는 것입니다.

- 《퇴계 이황이 들려주는 경 이야기》 중에서

🌀 이웃집에 이사 온 유미는 아버지와 단둘이 사는 장애아입니다. 유미는 소리를 듣지 못하고 말도 못 합니다. 아버지가 직장에 나가면 집에는 유미 혼자뿐입니다. 전화가 와도 벨 소리를 들을 수 없습니다. 문 밖에서 누가 문을 두드려도 모릅니다. 내가 학교에서 돌아올 때면, 유미는 자기 집 앞에서 곰 인형을 품에 안고 물끄러미 나를 쳐다봅니다.

어느 날, 유미가 인형도 없이 혼자 놀이터에 서 있는 것을 보았습니다.

'왜 여기 나와 있을까?'

가까이 가보니, 유미는 소리 없이 울고 있었습니다. 다른 아이들이 장난을 쳤는지, 인형이 나뭇가지 사이에 끼여 있었습니다. 유미는 인형을 내릴 수 없어 울고 있었던 것입니다.

"인형이 어떻게 나무에 올라갔어?"

"……."

물어도 아무 대답이 없었습니다. 그제야 유미가 말하지도 듣지도 못한다는 사실을 잊고 있었던 자신이 부끄러워졌습니다.

(……)

"귀가 안 들려서 불편하지?"

언젠가 내가 유미에게 물었을 때, 유미는 웃으며 이렇게 눈으로 말했습니다.

'불편한 건 아니야. 하지만 사람들이 나를 이해하지 못할 때에는 마음이 답답하고 아파.'

어느 날 유미 아버지께서 유미와 함께 우리 집을 찾아오셨습니다.

"제가 이틀 동안 출장을 가는데, 유미를 돌보아 줄 곳이 없어 걱정입니다. 혹시 이 댁에 부탁해도 될까요?"

"글쎄, 어떻게 하지요. 저도 직장을 다녀서……."

어머니는 딱한 사정을 듣고 거절할 수도, 선뜻 대답할 수도 없어 망설이고 계셨습니다. 유미 아버지는 걱정스러운 목소리로 말씀하셨습니다.

"그러면 안 되겠군요. 다른 분께 부탁을 드려 보지요."

유미 아버지는 단념한 듯 유미의 손을 잡고 가려고 했습니다. 그때 유미가 손가락으로 나를 가리켰습니다. 내 얼굴이 확 달아올랐습니다. 유미는 나를 친언니처럼 믿는 표정으로 바라보고 있었습니다.

– 초등학교 교과서, 《도덕 5》, 교육인적자원부, 40~42쪽 참고

생각 쓰기

주 요 개 념 및 배 경 지 식

'경(敬)'

'경'은 '공경'의 넓은 의미로, 사람과 사물을 대하는 공손한 태도이며 상대를 우러러보는 조심스런 태도입니다.

'경'의 태도를 위해서는 마음을 한곳에 모으고 할 일에 대해 미리 고민하고 준비하는 과정이 필요합니다. 여유 있게 일에 대비하는 것이지요. 일이 다 끝난 상태에서 그 결과를 가지고 걱정하는 것이 아니라, 어떤 일이 생기기 전에 자만하지 않고 신중히 이를 준비하는 태도가 중요한 것이지요.

사람에게는 존경과 공경으로 대하고 사물은 조심스럽게 대하는 태도가 바로 퇴계 이황이 중요하게 여긴 '경'입니다.

02강 올바른 생각과 마음가짐은 왜 중요한가?

case 1 '올바른 생각'과 '마음가짐'은 무엇을 말하는 것일까? 다음 글을 읽고 여러분이 생각하는 '올바른 생각'과 '마음가짐'은 무엇이며 이것이 중요한 이유에 대해 서술해 보시오.

만약 어린이 여러분이 오천 원을 주웠다면 어떻게 하겠나요? 한번 생각해 보겠어요? 생각하는 일은 매우 중요하답니다. 생각하는 것과 마음먹는 일은 모두 같은 것이랍니다. 무엇을 생각하고 어떻게 마음먹느냐가 참 중요한 일입니다.

밥 먹을 생각하기, 놀 생각하기, 잠 잘 생각하기, 학교에 갈 생각하기, 심부름 할 생각하기, 나쁜 일을 할 생각하기 등 생각은 무수히 많이 할 수 있습니다. 우리는 몸이 움직이기 전에 반드시 생각을 먼저 하게 마련입니다. 때로는 어떤 생각을 실천에 옮길 때, 이것이 또한 걱정거리가 되기도 합니다. 나쁜 일을 해 버릴지도 모르기 때문이지요. 그래서 퇴계 선생님은 우리에게 아홉 가지로 생각할 것을 권했답니다.

볼 때는 분명하게 볼 것을 생각하고,

들을 때는 분명하게 들을 것을 생각하고,

얼굴빛은 온화할 것을 생각하고,

태도는 공손할 것을 생각하고,

말은 진실할 것을 생각하고,

일은 경건하게 할 것을 생각하고,

의심나면 물을 것을 생각하고,

성을 낼 때는 나중에 어려운 일 당할 것을 생각하고,

이익을 접하면 정의를 생각한다.

그 중에 우리가 특히 염두에 두어야 할 것은 '일을 경건하게 할 것을 생각하기'와 '이익을 접하면 정의를 생각하기'입니다. 정의는 하늘이 우리에게 내려 준 사명이지요.

몸 가는 곳에 마음이 가고 마음 가는 곳에 몸이 간답니다. 우리 몸은 마음과 서로 떨어져 있지 않기 때문입니다. 중요한 것은 마음가짐을 잘하고 올바르게 생각해야 그 결과가 좋다는 것입니다.

- 《퇴계 이황이 들려주는 경 이야기》 중에서

생각 쓰기

아비투어 철학 논술

예시 답안

① 퇴계 이황은 조선 명종 시대의 철학자이자 정치가로, 1501년 안동에서 7남 1녀 중 막내로 태어났다.

② 그는 아버지가 일찍 돌아가셔서 가난한 생활을 했지만, 글공부를 좋아해 어려서 부터 숙부에게 학문을 배우면서 선비가 갖춰야 할 덕목을 깨달았다.

③ 스물일곱 살 때 조선 시대의 대학이었던 성균관에 입학했으나, 곧이어 '기묘사화'가 일어나 수많은 젊은 인재들이 벼슬을 포기한 채 학문하기를 게을리했다. 그러나 그는, 학문은 벼슬을 하기 위함이 아니라 몸과 마음을 닦아 덕을 쌓고, 지식을 넓히며 배운 것을 행동으로 옮기기 위함이라고 생각했다. 그래서 그는 소신을 지켜 공부에 전념하였다.

④ 이황은 수양이 덜 된 사람이 벼슬을 하며 나라의 재산을 축내는 것은 백성의 세금을 도둑질하는 것과 같다고 생각했다. 따라서 그는 벼슬에 관심을 두기보다는 풍치 좋은 곳에서 학문하기를 즐겼다.

⑤ 관직에서 물러난 뒤 '도산서당'을 세워 후학을 양성하는 데 힘썼고 우주의 근본 원리와 인간의 본성을 연구하는 '성리학'을 크게 발전시켰다.

⑥ 그는 죽음을 앞둔 상황에서도 자제들에게 그간 빌려 온 책을 모두 돌려보내고 묘 앞에 큰 비석을 세우지 말라고 당부하는 등 정직함과 청빈함을 중요하게 생각했다.

case 1 　제시글 ㉮에 의하면 '경'은 사람과 사물을 대하는 공손한 태도이며 상대를 우러러보는 조심스러운 태도입니다. 그리고 제시글 ㉯는 장애인에 대한 '경'과 아랫사람에 대한 '경'을 모두 보여 주고 있습니다.

　우리는 흔히 어른들에 대한 공경만을 '경'이라 생각하기 쉽지만, 실제로는 상대방을 존중하며 아끼고 사랑하는 마음이 모두 '경'인 것입니다.

　나와 생각이 다르고 생김새가 다르다고 무시해서는 안 됩니다. 제시글 ㉯에서 주인공과 유미가 서로에게 가지는 신뢰와 애정이 바로 '경'입니다. '경'은 이렇듯 멀리 있는 것이 아닙니다. 일상생활 속에서도, 가까이는 부모 자식과 형제자매 사이에도 '경'은 필요합니다.

　이러한 이치를 깨닫고, 상대방을 진실로 대하며 이를 실천할 때 우리 사회는 다툼이 줄고 좀 더 따뜻한 이웃이 될 수 있을 것입니다.

case 1 　'올바른 생각'과 '마음가짐'이란 맡은 일에 성의를 다하고, 나뿐 아니라 남의 입장에서도 고민할 줄 아는 것을 말합니다.

따라서 길에서 오천 원을 주웠을 경우 그 돈은 내가 번 것이 아니라 단순히 주웠을 뿐이라는 사실을 떠올려야 합니다. 잃어버린 사람의 안타까운 마음도 함께 헤아려야 할 줄 알아야 한다는 것이죠.

나의 행동은 나의 생각이나 마음가짐으로부터 비롯된 것입니다. 따라서 생각이나 마음가짐을 가지런히 한다는 것은 곧 올바르고 책임 있는 행동으로 이어질 수 있습니다. 올바른 생각과 마음가짐이 중요한 이유는 바로 이 때문입니다.

철학자가 들려주는 철학이야기 024

데카르트가 들려주는 의심 이야기

저자_송종인

한국외국어대학교 철학과 박사 과정 중에 있으며, 아시아나 학술대회에서 수상을 했다. 현재 스카이에듀 논술 강사로 재직하고 있다.

데카르트

René Descartes

데카르트는 누구인가? 다음 제시문을 읽고 데카르트에 대해서 요약하시오.

르네 데카르트는 1596년 프랑스 투렌 지방의 작은 마을에서 태어났지. 데카르트가 죽은 후에 이 지역은 유명해져서 이제는 데카르트의 이름을 따서 '라 에 데카르트'라는 이름으로 불리고 있어(여러분들도 나중에 유명해지면 여러분들의 이름을 딴 마을이 생길지도 모를 일이니 공부들 열심히 하도록!). 데카르트는 어렸을 때부터 허약 체질이었지. 그래서 그는 학교에 다니면서도 늦게 수업에 참가할 수 있는 특권을 누렸어. 그 당시 선생님들은 아마도 지금 선생님들보다는 훨씬 너그러웠던 것 같아. 이렇게 어렸을 때부터 늦잠을 잤던 데카르트는 나중에 어른이 되어서까지도 오전 내내 침대에 누워서 혼자 생각하고 명상하는 습관을 유지하게 되었다고 해. 사실 어떤 사람들은 그가 이차원 그래프라는 기막힌 아이디어를 떠올린 것도 누워서 천장을 보다가 생각난 것일지도 모른다고 추측하기도 하지. 뭐 유명한 사람이 되면 이런 헛소문쯤은 당연한 것 아니겠어?

데카르트의 선생님들은 데카르트가 몸이 약해서 수업에 늦게 참석하는 걸 허락할 정도로 이해심이 넓었는데, 막상 데카르트는 그렇지 못했던 것 같아. 데카르트는 11살 때부터 19살 때까지 플레시에 있는 예수회의 학교 (그 당시에는 수도원에 학교가 함께 있는 것이 보통이었어)에 다니면서 다양한 과목을 공부했어. 그는 선생님들의 재능과 헌신적인 노력은 항상 존경했지만, 그들이 가르치는 내용들에 대해선 수학을 제외하고는 처음부터 의심하기 시작했노라고 자신의 어린 시절을 상기하고 있지. 아마 데카르트의 선생님들이 이 말을 들었으면 매우 화가 났겠지만, 이 같은 데카르트의 의심 덕분에 그는 자신의 고유한 철학을 세울 수 있었을 거야. 너희들도 선생님들을 존경하되 그 가르침이 정말로 맞는 말인지 열심히 의심하다 보면, 누가 아니? 너희들도 유명한 철학자가 될 수 있을지 말이야. 그리고 한 가지 더, 데카르트처럼 수학을 열심히 공부해야만 한다는 것을 잊지 말고. 첫 번째는 자신 있어도 두 번째는 자신 없겠지?

이렇게 어린 시절을 보낸 데카르트는 학교를 졸업한 후 군대에 입대해서 유럽의 여러 나라를 돌아다니며 세상 물정에 대해 익히기 시작해. 여행이 사람의 안목을 폭넓게 해 주는 것은 예나 지금이나 똑같은가 봐. 그러던 어느 날 데카르트는 난로 가까이에서 밤늦게까지 혼자 앉아 있다가 깜빡 잠이 들었는데, 그때 하느님으로부터 '새로운 학문적 통일'의 임무를 수행하라는 계시를 받았다고 전해지고 있어. 물론 난로 근처에 앉아서 꾸벅꾸벅 존다고 아무나 그런 계시를 받는 건 아니야. 하나의 문제에 대해서 골몰히 생각하고 있을 때에만 그런 계시도 받을 수 있지.

계시를 받은 데카르트는 평생 동안 공부와 연구만 할 수 있을 정도의 재산을 모은 후에, 1628년에 네덜란드로 가서 거의 20년 동안을 살았지. 그는 기존의 이론들을 연구하기보다는 실험에 몰두하면서 그 기간을 보냈다는군. 한번은 어떤 사람이 데카르트에게 서재를 보여 달라고 하자 그가 반쯤 해부된 송아지를 가리키면서 "저것이 나의 책이다"라고 말했다는 일화는 꽤 유명해. 물론 데카르트는 기존에 있던 이론보다는 실험을 신뢰하였지만, 실험들보다는 또 자기 자신의 철학적 반성을 더욱 신뢰했음이 분명해. 그렇지 않고서야 그가 그 시기에 《방법서설》이나 《성찰》과 같은 책을 썼을 리가 없을 테니까. 데카르트는 이처럼 실험을 통해 자연학을 연구하였고, 〈광학론〉, 〈굴절학〉, 〈기상학〉 등과 같은 일련의 과학 저술들을 발표하면서 자신의 철학적 사유를 굳혀 가고 있었어.

마침내 그는 《방법서설》과 《성찰》을 연속으로 발표하면서 일약 스타덤에 오르게 돼. 그리고 그렇게 열심히 공부하면서도 어떤 공작부인과 사랑에 빠져 결혼도 하지 않고 자식을 한 명 낳기도 하지. 그런데 《방법서설》과 《성찰》이라는 책은 너무나도 앞선 내용들을 담고 있었기 때문에 출판되자마자 격렬한 논쟁을 불러일으켜.

어떤 성직자는 데카르트에게 철학적 이론으로는 논쟁을 이길 수 없자, "저자는 이미 결혼한 어떤 공작부인과 그렇고 그런 사이로, 벌써 아들까지 하나 두고 있는 파렴치한 놈이다"라고 비난하면서 공격하기도 했지. 하지만 데카르트는 그저 미소를 지었어. 그리고는 "난 신에게 맹세코 아들을 둔 적이 없소!"라고 답했지.

물론 아들은 없었고, 딸만 있었지. 데카르트가 좀 약기는 했어도, 틀린 말은 아니니 우리는 그를 용서하자고.

그러던 중 데카르트의 명성은 스웨덴에까지 알려지게 되었고, 스웨덴의 크리스티나 여왕은 그를 철학 선생님으로 초청했어. 데카르트는 망설였지만 결국 이 초청에 응했고, 스웨덴에 가서 살기 시작했지. 하지만 스웨덴에서의 궁정 생활은 허약한 데다 게으르기까지 했던 그에게는 너무나도 힘든 생활이었지. 여왕에게 철학을 가르치기 위해 아침 일찍 일어나지 않으면 안 되었고 남쪽에서 주로 살았던 그에게 북유럽의 추운 날씨는 그를 힘들게 만들었지. 결국 그는 스웨덴에서 폐렴에 걸려 1650년 2월 11일에 세상을 떠나고 말아. 그의 유해는 스웨덴에 묻혔다가, 나중에 프랑스의 성 저메인 드 프레 성당에 안장된단다.

참! 으스스한 사실 하나! 데카르트의 두개골은 현재 파리의 샤리오 궁전에 있는 인간 박물관에 반짝반짝 윤이 나게 닦여서 전시되고 있다는 사실! 아무리 데카르트가 훌륭했기로서니, 너무한 것 아닌가? 쩝!

생각 쓰기

주요 개념 및 배경 지식

1 르네상스

　서양의 기나긴 중세가 끝나고 유럽에는 새로운 시대가 열리는데, 우리는 보통 그 새로운 시대의 시작을 르네상스라고 부른다. 르네상스란 다시(르)—태어나다(네상스)라는 뜻이다. 즉 르네상스 시대란 순우리말로 하면 '다시—태어남'이라고 말할 수 있다.

　서양은 중세라는 천 년의 시간 동안 오로지 기독교라는 가치만이 유일한 것이라 믿고 살았다. 물론 기독교가 서양 역사에 큰 영향을 미친 것은 사실이지만, 그 외에도 다른 문화권 하나가 더 있었다. 그건 바로 그리스 문화였다. 기독교의 신이 절대적이고 유일하며 인간보다 한참 높은 그런 존재였다면, 그리스의 신은 아주 인간다운 존재였다는 점은 대부분의 사람들이 잘 알고 있는 사실이다. 신에 대한 입장만 봐도 알 수 있듯이 그리스 문화는 인간을 중요시 여기고 인간적인 감정과 가치를 높이 평가한 문화이다. 하지만 중세 천 년 동안 이러한 그리스 문화를 잊어버린 채 유럽은 기독교 문화에만 갇혀서 살아가고 있었다.

　그러다가 십자군 전쟁이 일어나 이슬람 문명과의 접촉이 이루어지게 된다. 이슬람의 도서관에는 그리스의 서적이 많아서 이슬람 문화권에 쳐들어갔던 유럽 사람들은 어떤 때는 빌려 오기도 하고 어떤 때는 강제로 빼앗아 오기도 하면서 그리스 시대의 책들을 유럽으로 많이 가져왔다. 그 책들이 이탈리아어나 라틴어로 번역되면서 유럽에는 그리스 문화에 대한 새로운 관심과 열정이 생겨나게 되었는데, 이와 같은 그리스 문화 부흥 운동을 우리는 르네상스라고 부른다. 다시 말해 르네상스란 바로 그리스 문화를 유럽에 다시 한 번 되살리려는 문화 운동이었다고 할 수 있다.

결국 르네상스 시대에는 이전의 신 중심적인 사고방식에서 벗어나 인간 중심적인 사고방식을 더 중요하게 여기게 된다. 생각하는 인간의 주체를 발견하고 강조한 데카르트도 이러한 르네상스의 영향을 받았다.

2 스콜라 철학

스콜라 철학이란 간단히 말하면 중세의 기독교적 신학의 영향을 받은 철학 사상을 통틀어서 부르는 말이다. 그 시대 사람들은 철학을 신의 존재를 입증하기 위한 이성적 기능 정도로만 생각했기 때문에 심지어 중세 시대의 철학을 가리켜 '신학의 시녀'라는 말이 나올 정도였다.

그들은 신학과 관련된 연구뿐만 아니라 자연에 대한 연구까지 했는데, 그 이유는 자연의 신비를 밝히면 밝힐수록 신의 위대함을 드러낼 수 있다고 생각했기 때문이다.

스콜라주의의 자연학은 아리스토텔레스의 자연학으로부터 많은 영향을 받았다. 스콜라 철학의 시조라 할 수 있는 아퀴나스 역시 아리스토텔레스로부터 철학적 영향을 많이 받았다.

하지만 데카르트는 스콜라 철학을 매우 경멸했다. 그는 어렸을 때 스콜라주의가 제시하는 이론들을 배웠는데, 어찌나 그 이론들을 싫어했던지 아예 스콜라라는 세 글자만 나와도 책을 만지지도 않았을 정도라고 한다.

데카르트 공부하기

데카르트 공부하기

◼ 여러분들의 원수, 데카르트!

오늘도 지긋지긋한 학교생활을 마치고, 심지어 학원까지 가서 공부를 하다 온 너희들, 고생 참 많았어. 아직도 학교나 학원은 학생들에게 참으로 지겨운 곳이겠지? 그중에서도 너희들이 가장 많이 배우는 수학 시간은 선생님들에게는 몰라도, 너희들에겐 끔찍하고 악몽 같은 순간의 연속일 거야. 칠판에 알 듯 모를 듯한 숫자들을 잔뜩 써 놓고 너희들을 골탕 먹이기 위해 사악한 미소를 짓는 선생님은 둘째 치고 따분하기 짝이 없는 분수니, 함수니, 각종 도형들의 넓이를 계산하는 일들이 도대체 무슨 쓸모가 있기에 이렇게 공부를 해야 하는지에 대해서 한 번쯤은 궁금하기도 하고 짜증도 났을 거야. 아무리 봐도 모르겠고, 풀어도 풀어도 끝이 없는 수학 문제는 생각만 해도 끔찍하지.

물론 산수나 수학이라는 학문이 너희들을 괴롭히기 위해서 학교 선생님들이 발명해 낸 기발한 장난감 같은 것은 아니야. 사실 선생님들도 가르치는 것을 지겨워할 때도 있어. 잘은 몰라도 그건 너희들이 수학을 배우는 것을 지겨워하는 정도만큼이나 자주일 거야. 어쩌면 선생님들도 수학을 만들어 낸 사람이 눈앞에 나타난다면 너희들보다 먼저 팔을 걷어붙이고 한 대 때려 줄지도 몰라. 그만큼 수학이란 배우기도 힘들지만 가르치기는 더 어려운 일이니까 말이야.

수학 중에서도 특히 좌표와 방정식은 너희들이 골탕 먹기에 딱 좋은 것이지. 복잡한 x, y와 숫자들의 조합은 보기만 해도 입이 딱 벌어져. 사실 나도 학교 다닐 때 방정식 때문에 고생 좀 했거든. 그런데 좌표와 방정식은 그저 수학 문제를 풀기 위해서만 고안된 것은 아니야.

좌표와 방정식은 16세기에 처음으로 서양 유럽에서 개발된 수학 방식인데, 이 방식을 만들어 낸 사람은 좌표와 방정식이야말로 아주 획기적인 이론이라는 자부심을 가지고 있었어. 왜냐하면 그전까지만 해도 도형(기하학)의 문제와 수학(산술)의 문제는 서로 다른 영역으로 취급되었거든. 하지만 바로 이 방정식을 발명해 낸 사람에 의해서 기하학과 산술이 하나로 합쳐지게 돼. 그걸 어려운 말로 '해석기하학'이라고 하지. 뭐, 쉽게 풀이하자면 기하학과 관련된 것들(여러 가지 도형들, 직선과 같은 것들)을 산술적 관계들(숫자들과 더하기 빼기, 곱하기, 나누기와 같은 것들)로 해석할 수 있는 학문이란 뜻이야. 그게 바로 이 사람이 만들어 놓은 것이지. 아마 이 사람이 없었다면 너희들이 중학교에 가서 지긋지긋한 함수나 좌표의 문제를 풀 필요가 없었을지도 몰라.

좌표와 방정식을 만들어 낸, 그 악랄하고 지독한 사람이 누구냐고? 누구긴, 바로 데카르트지. 한마디로 말해서 데카르트만 없었다면 너희들이 앞으로 공부할 그 지긋지긋한 수학 교과서의 두께가 절반 정도로 줄어들었을 거라는 사실, 어때 열받지?

② 밉지만, 고마운 데카르트

아마도 너희들 중에는 데카르트를 죽일 놈, 살릴 놈 하면서 흥분하는 사람도 있을 거야. 그래도 데카르트를 너무 미워하지는 말았으면 좋겠어. 왜냐하면 너희들이 지금 누리고 있는 모든 문명의 이기들은 바로 데카르트 덕분이기도 하니까 말이야. 너희들이 게임할 때 사용하는 컴퓨터, 친구랑 통화할 때 사용하는 휴대전화 같은 것들도 데카르트의 수학적 노력이 없었다면 애초에 불가능한 것이었을지도 몰라. 데카르트가 직접 그런 것들을 발명하지는 않았지만 말이야. 현대의 모든 문명의 이기는 급속도로 발전한 근대과학에 기반을 두고 있는데, 근대과학의 성공은 자연 세계에 대한 수학적 설명 덕분에 가능했지. 그리고 자연 세계에 대한 수학적 설명이 가능했던 것은 데카르트가 해석기하학을 생각해 내고, 자연의 모든 것들을 해석기하학으로 파악할 수 있도록 철학적 성찰을 했기 때문이었어. 그러니 데카르트가 없었다면 근대과학의 발전은 더욱 느린 속도로 나아갔을지도 모르지. 물론 결국에는 누군가가 해석기하학을 생각해 냈겠지만 말이야(이 말은 데카르트 때문이 아니라 할지라도 너희들이 결국에는 그 넌덜머리가 나는 함수와 좌표들을 수학 시간에 공부해야만 한다는 것을 의미하지, 하하!).

그러니 수학 시간만큼은 데카르트를 욕해도, 너희들이 게임을 하거나 휴대전화를 사용하는 동안에는 데카르트에게 감사하는 마음을 가져야만 해. 아니, 오히려 너희들이 수학 공부를 하고 있다는 것에 대해 감사해야 할 거야. 왜냐하면 너희들처럼 수학 공부를 열심히 했던 사람들이 과학 공부도 열심히 했을 테고, 결국에는 컴퓨터나 휴대전화 같은 것들을 만들었으니까 말이야. 너희들도 수학 공부를 열심히 해서 우리의 문명을 더욱 발전시킨다면 보람차지 않겠어? 수학이란 그저 시험지에 나온 문제를 풀기 위해서 공부하는 것이 아니라 실생활에 응용하기 위해서 공부한다는 걸 생각해 본다면, 지금 당장은 수학을 공부하는 것이 어렵고 힘든 데다 지겹기까지 하더라도 어느 정도는 참을 수 있지 않을까?

3 수학자 데카르트, 철학을 시도하다

아마도 너희들은 데카르트의 유명한 명제인 '나는 생각한다, 고로 나는 존재한다'를 알고 있을 거야. 게다가 데카르트가 사람의 이성을 중요시해서, 중세를 풍미했던 신 중심 사유를 인간 중심 사유로 바꾸었다는 점도 잘 알고 있겠지. 물론 이런 일들이 데카르트를 유명하게 만든 것은 사실이야.

하지만 너희들이 명심해야 할 것은 데카르트가 지독하게 난해한(심지어는 수학보다도 더!) 형이상학을 추구하기 이전에 기본적으로는 수학자요, 과학자였다는 사실이야. 아니, 오히려 데카르트는 자신의 수학적, 과학적 사유를 확고히 하기 위해 철학적으로 사유했던 사람이라는 점을 명심해야만 해. 때문에 데카르트는 수학이든 형이상학이든 인간이 추구하는 그 수많은 학문들을 어떻게 하면 실생활에서 사용하고 활용할 수 있을까에 대해 언제나 고민하곤 했단다. 그리고 이러한 노력이 데카르트를 약 400년이 지난 지금까지도 유명하게 만들 수 있었던 거지.

데카르트는 자신이 배워 왔던 학문들이 대개는 주먹구구식이라고 생각했어. 다시 말해 학문의 종류는 매우 많은데 학문을 연구하는 공통된 방법이 없다는 사실을 지적했던 거야. 그는 의학, 자연학, 기계학, 심리학, 철학 등등의 학문들이 공통된 하나의 방법을 가지고서 연구된다면 더욱 좋을 것이라 기대하면서, 그 공통된 방법이 무엇일까 심각하게 고민했어. 그때 그의 뇌리를 스친 생각은 가장 합리적이고 이성적인 학문에서 사용하는 방법을 다른 모든 학문에 활용하면 되지 않을까, 하는 것이었지. 그는 가장 합리적이고 이성적인 학문은 다름 아닌 기하학과 산술학이라고 생각했어. 하지만 앞에서도 이야기했듯이 이 두 가지는 아직 합쳐지지 않은 상태였지. 그리하여 데카르트는 우선적으로 기하학과 산술학을 합치려는 시도를 했고, 그 결과 '해석기하학'이라고 하는 새로운 수학의 영역을 개척하게 돼.

하지만 이것으로는 충분하지 않았어. 데카르트가 만든 '해석기하학'이라는 방법이 있어도 이것이 자연 안의 대상들에게 응용되지 않는다면 아무소용이 없거든. 또한 수학이라는 것이 경험에 의존하기보다는 인간의 합리적 이성 판단에 의존하는 것이기 때문에 인간이 내리는 합리적 판단이 과연옳은 것인가에 대해서도 데카르트는 답을 해야만 했지. 그리하여 데카르트는 '해석기하학'이라는 아주 멋진(물론 너희들에게는 끔찍한 수학이겠지만)수학적 방법을 창안해 냈음에도 불구하고, 이것을 자연에 적용하는 문제와우리 인간이 그 수학적 방법을 올바르게 사용할 수 있는지에 대한 문제를더 고민해야 했어.

아마도 데카르트는 자신이 만들어 낸 수학적 방법에 대한 심증은 있었지만 논리적으로 그것을 주장할 만한 물증은 없었던 것 같아. 그는 이 물증을잡기 위해 철학적 사유를 했고, 그 결과 이전의 철학에 대한 변혁을 시도하게 되었어. 이로써 근대 철학이 시작되었지.

4 자연은 무한히 분할된다, 고로 계산할 수 있다

무시무시한 경고: 지금부터 전개될 내용은 무지막지하게 어려운 내용이다! 아마도 4장을 읽으면서 눈앞이 까매지고, 밀려오는 짜증으로 머리를쥐어뜯을지도 몰라. 그러니 4장이 이해가 잘 안 되는 사람은 5장으로 바로

건너뛸 것을 권한다. 나는 이미 경고했다! 그러므로 여러분이 4장을 읽으면서 머리를 하도 쥐어뜯어 대머리가 된다고 해도 나를 원망하지 말도록!

앞에서도 이야기했듯이, 데카르트의 철학은 수학 또는 자연학과 밀접한 관계가 있어. 따라서 데카르트가 그 유명한 명제인 '나는 생각한다, 고로 나는 존재한다'를 어떻게 생각해 냈는지를 살펴보려면, 그것이 수학이란 학문과 어떤 연관이 있는지를 살펴보는 것이 이해하기에 좀 더 쉬울 거야. 그러기 위해서는 데카르트가 인간의 영혼을 무엇이라고 생각했는지를 먼저 살펴봐야 해. 수학 또는 자연학과 영혼이 무슨 관계냐고? 데카르트가 살던 당시의 사람들은 인간의 정신적 능력이나 기능은 곧 영혼에 의해서만 가능하다고 생각했어. 그러니까 어떤 한 인간이 수학을 하든 아니면 자연학을 하든지 간에 그러한 연구를 한다는 것 자체가 그 인간의 영혼이 하는 행위라고 생각했던 거야. 그러니까 여기서 말하는 영혼이란, 하얀 천을 뒤집어쓰고 한밤중에 머리맡에서 으스스한 소리로 우리를 소스라치게 하는 유령과 같은 존재가 아니라, 우리가 살아가면서 하는 모든 정신적 활동을 가능하게 해 주는 존재인 셈이지.

데카르트는 영혼이 하는 일을 두 가지로 나누었어. 하나는 외부의 대상들로부터 경험(감각)을 받아들이는 일이고, 다른 하나는 우리 내부에 있는 영혼이 혼자서 하는 일인 사유야. 그런데 데카르트는 경험을 통해서 우리가 알 수 있는 것들은 정확하지 않은 반면, 영혼이 혼자서 사유하고 만들어 내는 것은 정확하다고 봤지. 데카르트는 자신의 이러한 주장을 증명하기 위해 자신이 알고 있는 모든 것들을 고의적으로 의심하는 방법을 썼는데, 우리는 이것을 '방법적 회의'라고 불러. 여기서 회의란 자신이 알고 있는 어떤 것에 대해서 의심을 해 본다는 뜻이지. 의심이라는 방법을 통해서 데카르트는 우리가 확실하게 알 수 있는 것은 과연 무엇인지, 혹은 우리가 알고 있는 것들 중 믿을 만한 것은 무엇인지를 찾고자 했어.

그렇다면 우리는 우리의 감각과 사유를 참이라 여길 수 있을까? 데카르트는 우리들이 감각을 통해 받아들이는 것 중에 어떤 것들은 정확하지 않거나 그것의 참된 모습을 우리에게 알려 주지 않기 때문에 우리가 감각을 믿을 수 없다고 보는 입장이야. 반면 우리 영혼이 혼자서 하는 수학과 같은 사유는 자연 안에 있는 것들과는 상관없이(즉 경험의 도움이 없이도) 그것 자체로 참과 거짓을 구분할 수 있기 때문에 믿을 만하다고 생각했어. 물론 그것이 가능한 까닭은 전지전능한 하느님이 우리의 영혼을 만들었기 때문이라고 설명하기는 했지만(이것이 바로 데카르트가 중세를 벗어나지 못한 지점이기도 해).

바로 이러한 사유에 대한 신뢰를 바탕으로 모든 것을 의심하는 방법적 회의를 통해 데카르트는 우리가 생각하고 사유한다는 것이야말로 더 이상 의심할 수 없는 명백한 진리이며, 그것이야말로 우리들이 이 세상에 존재하고 있음을 입증할 수 있는 유일한 증거라고 생각했어. 그래서 그는 "나는 생각한다, 고로 나는 존재한다"라고 외쳤지.

여기에서 너희들이 주의해야 할 점은, 근본적으로는 데카르트가 자신의 철학적 사유를 전개하기 위해서 '생각하는 인간'인 주체와, '생각되는 자연'인 대상으로 이 세상을 구분하고 있다는 사실이야. 그리고 데카르트는 이러한 구분을 다시 영혼과 물질이라는 이분법에 입각해서 설명하고 있지. 다시 말해 인간은 이성을 가진 존재로서의 영혼과 일종의 기계와 같은 물질로 이루어진 신체로 되어 있고, 인간 이외의 모든 자연물들은 인간의 신체와 같은 물질들, 즉 기계들로 이루어져 있다고 보았지. 그에 따르면 영혼은 나누어지지도 않고 사라지지도 않는 불멸의 성질을 지니고 있지만, 물질은 무수히 잘게 나누어질 수 있고 유한하여 없어지기도 하는 성질을 지니고 있는 것으로 파악되지. 물질이 무수히 많은 부분으로 나누어질 수 있다는 것은, 마치 너희들이 기하학을 배울 때 직선이 무한히 작은 점들로 나누어질 수 있다는 것을 배웠던 것과 똑같은 방식으로, 수학적인 방법으로 물질들을 다룰 수 있다는 것을 의미해. 그리고 물질들을 그렇게 다룰 수 있는 것은 수학적인 방법으로 사유할 수 있는 인간의 이성이 하는 역할인 것이고. 이런 식으로 인간의 이성적 영혼이 물질적 자연을 수학적으로 다룰 수 있는 근거를 부여할 수 있었던 거야. 이처럼 자연은 그저 무한히 많은 부분으로 나누어질 수 있는 물질들로 이루어져 있기 때문에 수학적 방법을 이용하여 연구할 수 있다는 생각이 데카르트 사상의 핵심이야.

5 나누어서, 빠뜨리지 말고, 확인한 후, 합쳐라!

데카르트는 스스로 학문의 방법을 만든 뒤 그 학문의 방법을 철저하게 자신의 모든 학문에 적용시킴으로써 큰 성과를 이루어 낸 것으로 아주 유명해. 그는 자연학적 대상들과 수학적 대상들을 연구하는 데 있어서 가장 중요한 네 개의 규칙이 있다고 생각했는데, 그것이 바로 알고자 하는 어떤 것을 기본적인 것들로 나누어서(분해), 그것들 중 하나도 빠뜨리지 말고 모두 다 나열한 뒤(열거), 하나하나 낱낱의 것들을 꼼꼼하게 확인하여 살핀 후(분석), 그것들 중에서 참이라고 확인된 것들만을 다시 하나로 합치면(종합), 그 대상에 대해서 올바른 앎을 가질 수 있다고 생각했지. 마찬가지로, 앞에서 설명했던 데카르트의 철학 또한 인간이 알고 있는 것들을 감각으로부터 오는 것과 이성 내부로부터 오는 것으로 나눈 후에, 그 각각의 내용들을 빠뜨리지 않고서 확인한 후, 다시 한 인간에게 속하는 것으로 합치는 방식을 썼다는 걸 알 수 있지.

데카르트는 이와 같은 분해, 열거, 분석, 종합이라는 네 가지 규칙만 잘 지킨다면, 우리 인간이 자연으로부터 알아낼 수 없는 것이 없다고 생각했어. 이 네 가지 규칙은 데카르트에게서만 쓰였던 것이 아니라, 그 이후에 수많은 과학자들이 데카르트를 따라 자연을 연구할 때에도 사용했던 규칙이야. 데카르트가 철학뿐만 아니라 후대의 과학자와 수학자들에게도 엄청난 영향을 미쳤다는 사실을 벌써 잊어버린 것은 아니겠지?

주 제 탐 구

01강 데카르트의 의심

case 1 다음 제시문을 읽고 데카르트가 왜 자신이 배웠던 것을 의심하게 되었는지 시대적 상황과 연관시켜 말해 보시오.

중세의 스콜라 철학은 그 결론이 실제로 탐구해 보기도 전에 정해져 있었다는 점에서 그리스의 고전 철학과는 다르다. 이 철학은 기독교 정통파의 세력권 안에서 주어지는 역할을 할 수밖에 없었다.

– 버트런드 러셀,《서양의 지혜》중에서

데카르트가 살았던 근대 초는 중세 시대의 분위기가 여전히 강력한 영향을 미치고 있던 시기였단다. 서양의 중세 시대는 종교적으로는 기독교가, 그리고 학문적으로는 신학이 지배했던 시기였다는 것을 너희들도 알고 있지? 모든 지식의 옳고 그름은 신학적 관점에서 봤을 때 맞느냐 틀리느냐에 따라 판단되었지. 그래서 지금 보면 사실에 어긋나는 것들도 참된 것으로 간주되는 경우들이 있었단다. 이성을 통해 스스로 진실을 밝히는 대신 신학자들의 말을 아무런 의심 없이 진리라고 받아들였던 거지. 지금 우리들도 누가 그렇다니까, 혹은 남이 그렇게 했으니까, 그런 이유로 내 이성을 흐리게 하지는 않는지 한번 생각해 보자. 스스로의 힘으로 생각하기란 곧 철학하기와 같은 것이니까.

－《데카르트가 들려주는 의심 이야기》 중에서

생각 쓰기

명하는 갑자기 선생님의 말씀이 떠올랐다.

'진리에 다가서려면 의심을 하라.'

그렇다. 명하는 태안이가 진짜 태안이인가 하나씩 의심해 보기로 생각했다.

'태안이는 급식을 받을 때 숟가락 젓가락을 꼭 오른손에 모아서 들어. 그런데 왜 지금은 왼손에 들지? 집에 갈 때는 아파트 단지 사이로 가로질러 갔는데, 왜 지금은 큰길로 갈까? 태안이는 운동장을 지나가다가도 공이 오면 피했는데, 왜 지금은 피하지 않고 발로 찰까? 태안이는 눈을 깜빡이는 버릇이 있었는데, 지금은 그러지 않아. 아, 그러고 보니 입 옆의 작은 점, 그게 보이지 않아!'

태안이에 관해 나름대로 세세하게 알고 있던 명하는 갑자기 입 옆의 점 생각이 나자 무릎을 쳤다.

'그래! 태안이는 태안이가 아닌 거야!'

의심스러운 것들을 모두 빼고, 또 빼고 보니 태안이와 같은 것은 얼굴 생김뿐이었다. 점이 없다는 생각을 하니 결국 얼굴조차 다른 것이다. 따라서 태안이는 태안이가 아니었다.

생각이 거기까지 미치자 명하는 더욱 혼란스러워졌다.

데카르트는 진리를 탐구할 때 지켜야 할 네 가지 규칙을 방법으로 제시하고 있어요. 이 규칙들만 잘 지키면 누구나 올바른 판단을 하고 진리를 획득할 수 있을 거라고 데카르트는 생각했어요.

그 네 가지 규칙은 이렇게 요약할 수 있어요.

❶ 의심의 규칙: 분명하게 참이라는 판단이 서는 것 외에는 그 어떤 것도 참된 것으로 받아들이지 말 것. 즉 성급한 판단과 편견을 신중히 피하고 조금도 의심의 여지가 없을 정도로 분명하고 뚜렷하게 내 정신에 나타나는 것 외에는 그 어떤 것에 대해서도 판단을 내리지 말 것.

❷ 분석의 규칙: 검토할 문제들을 잘 해결할 수 있도록 각각의 대상을 가능한 한 작은 부분으로 나눌 것.

❸ 종합의 규칙: 내 생각들을 순서에 따라 이끌어 나갈 것. 즉 가장 단순하고 알기 쉬운 대상에서 출발하여 마치 계단을 올라가듯 조금씩 올라가 가장 복잡한 것의 인식에까지 이를 것. 그리고 본래 전후 순서가 없는 것에도 순서를 정하고 나아갈 것.

❹ 열거의 규칙: 아무것도 빠뜨리지 않았다고 확신할 정도로 완벽하게 열

거하고 전반적으로 검토할 것.

- 《데카르트가 들려주는 의심 이야기》 중에서

생각 쓰기

회의주의

회의주의에서 '회의'란 모두가 모여서 어떤 주제를 놓고 토론한다는 의미의 회의가 아니다. 회의주의란 우리가 과연 어떤 것을 알 수 있을지에 대해서 의심한다는 것을 의미한다. 즉 모든 것을 의심해 보고, 실망한다는 의미이다. 우리는 흔히 "난 이 책이 재미있을 줄 알고 읽었는데, 정말로 그런지 회의가 들어"라고 한다. 그럴 때 쓰는 '회의'는 회의주의에서 말하는 '회의'라고 할 수 있다. 간단하게 말해서 회의주의란, 모든 것을 의심한다는 것을 뜻한다.

이러한 회의주의에는 두 가지가 있다. 하나는 진짜 회의주의이고, 다른 하나는 가짜 회의주의이다. 여기서 진짜 의심은 뭐고 가짜 의심은 무엇인지에 대해서 궁금증을 가지게 된다. 만약 어떤 사람이 있는데, 인간이란 아무것도 알 수 없고 우리가 안다는 것은 그저 우리의 착각에 불과하기 때문에 어떤 것도 알 필요가 없다는 결론에 그가 도달했다고 해 보자. 그는 자신이 의심하고 있다는 그 사실에서부터 한 발짝도 더 나아갈 수가 없다. 아니, 어쩌면 자신이 주장하는 그 내용조차도 과연 믿을 만한 건지 아닌지 의심할지도 모른다. 이런 사람은 아무것도 할 수 없게 되고, 결국 자신의 인생을 허무한 것으로 보게 된다. 이런 것이 진짜 회의주의이다.

반대로 어떤 사람이 모든 것이 의심스러워서 못 믿겠다고 여기면서 '과연 참된 진리는 어디에 있는 것일까?' 라고 묻는다고 가정해 보자. 그는 자신이 현재에는 아무것도 모르지만 노력을 한다면 언젠가는 참된 진리를 알 수 있으리라는 확신을 가지고 있다. 그리고 그러한 참된 진리를 갖기 전에는 결코 어떤 것도 믿을 수 없다는 입장을 고수한 채 끊임없이 진리를 찾으려고 노력한다면 언젠가는 진리를 발견할 수도 있다.

이 사람의 경우에는 모든 것을 의심하기는 하는데, 그 이유가 자신이 알고 있는 것이 진리가 아니며 분명히 진리는 다른 어떤 것일 거라는 믿음이 있다. 이런 경우를 우리는 가짜 회의주의라고 한다. 즉 의심할 수 없는 것을 찾기 위해서 우선적으로 모든 것을 의심해 보는 것이다.

이쯤 되면 데카르트의 '방법적 회의'는 후자에 해당된다는 것을 알 수 있다. 데카르트 또한 참된 진리를 찾기 위해 우선적으로 '회의주의라는 방법'을 써 보는 길을 택했으니까. 그러한 방법을 쓰면서도 데카르트는 참된 진리란 분명히 있다는 확신을 버리지 않은 것이 분명하다. 데카르트는 진짜 회의주의자들의 공격으로부터 벗어나서 참된 진리가 존재한다는 것을 주장하기 위해 가짜 회의주의의 방법을 선택했던 것이다.

02강 데카르트, '이성'을 사용하여 '나'를 발견하다!

> **case 1** 데카르트는 이성을 중심으로 생각할 것을 강력하게 주장했던 사람이다. 다음 제시문을 읽고 '이성'이란 과연 어떤 것인지, 그리고 진리를 탐구하는 철학을 하는 것과는 어떤 관련이 있는지에 대해서 논술하시오.

㉮ 선생님은 농담처럼 아이들에게 훈계하셨다.

"너희들 수준에 맞춰서 쉽게 말하자면, 참과 거짓을 구별하는 힘을 말하는 것이다. 너희들은 스스로 이성이 있다고 생각하니?"

갑작스런 선생님의 질문에 아이들이 당혹해했다.

"저희들도 판단을 내릴 줄 알고 생각을 하면서 사니까 이성이 있는 것 아닐까요?"

명하가 조심스레 말했다.

"그래, 명하의 생각처럼 사람들은 누구나 이성을 가지고 있단다. 그런데 왜 사람들은 참, 거짓을 분명하게 구분하지 못하는 것일까? 그건 이성을 제대로 사용하지 못해서 그런 거란다."

― 《데카르트가 들려주는 의심 이야기》 중에서

❹   양식(良識)은 이 세상에서 가장 공평하게 분배되어 있는 것이다. 왜냐하면 사람들은 누구나 그것을 충분히 갖추고 있다고 생각하고 있으며, 다른 모든 것에 있어서는 좀처럼 만족을 하지 않는 사람도 그것만큼은 자신이 갖고 있는 것보다 더 바라지 않기 때문이다. 이 점에 있어 모든 사람의 생각이 잘못되었다고 볼 수는 없다. 오히려 이는 잘 판단하고 참된 것을 거짓된 것에서 구별하는 능력, 즉 일반적으로 양식 혹은 이성으로 불리는 능력이 모든 사람에게 천부적으로 동등하다는 사실을 보여 주는 셈이다. 또 우리가 각각 다른 견해를 갖고 있는 것은 어떤 사람이 다른 사람보다 더 이성적이라기보다는 서로 다른 방법을 사용하기 때문이다. 왜냐하면 좋은 정신을 지니는 것만으로는 충분치 않으며, 그것을 잘 사용하는 것이 더 중요하기 때문이다.

                                                            － 데카르트, 《방법서설》 중에서

생각 쓰기

- -

- -

- -

- -

03강 나는 생각한다, 고로 나는 존재한다

case 1 데카르트는 이성을 통해 모든 것을 의심했으며, 우리가 도저히 의심할 수 없는 하나의 진리를 발견하게 된다. 이것이 그 유명한 '나는 생각한다, 고로 나는 존재한다'라는 명제이다. 그리고 이 명제로 인해 데카르트는 근대 철학의 아버지가 될 수 있었다. 다음 제시문을 읽고 데카르트가 '나'를 어떻게 발견하게 되었는지, 그리고 왜 데카르트가 근대 철학의 아버지가 되었는지에 대해 논술하시오.

가 조금도 의심할 수 없는 것은 하나도 존재하지 않는다는 사실을 나는 도대체 어떻게 알고 있는 걸까? 혹시 어떤 신이 있어서, 혹은 어떻게 부르든 간에 이와 비슷한 것이 있어서 내 안에 이런 생각이 일어나도록 하고 있는 것은 아닐까? 그런데 나는 왜 이런 가정을 하고 있을까? 나 자신이 이런 생각을 지어 낸 것은 아닐까?

그렇다면 나는 적어도 그 어떤 것이 아닐까? 그러나 나는 이미 내가 어떤 감관이나 신체를 갖고 있음을 부정했다. 나는 여기서 잠시 주춤거리게 된다. 이로부터 무엇이 귀결되어야 할까? 나는 혹시 신체와 감관의 사슬에 묶여 이것 없이 존재할 수 없다는 것일까? 그렇지만 세계에는 하늘, 땅, 정신,

물체가 없다고 나 자신을 설득하지 않았던가? 이때 나는 나 자신도 없다고 설득한 것은 아니었을까? 그렇지는 않다. 내가 만일 나에게 어떤 것을 설득했다면, 확실히 나는 있었을 것이다. 그러나 누군지는 모르지만 아주 유능하고 교활한 기만자가 집요하게 나를 항상 속이고 있다고 치자. 자, 이제 그가 나를 속인다면, 내가 있다는 것은 의심할 수 없다. 그가 온 힘을 다해 나를 속인다고 치자. 그러나 나는 내가 어떤 것이라고 생각하는 동안 그는 결코 내가 아무것도 아닌 듯이 할 수는 없다. 이렇게 이 모든 것을 세심하게 고찰해 본 결과 '나는 있다, 나는 현존한다'는 명제는 내가 이것을 발언할 때마다 혹은 마음속에 품을 때마다 필연적으로 참이라는 결론에 이르게 된다.

– 데카르트, 《성찰》 중에서

'나는 생각한다, 고로 나는 존재한다.'

만약 내가 무엇인가를 생각하고 있다면, 그것이 무엇이든 적어도 생각하는 내가 없을 수는 없다는 것만큼은 의심할 수 없다는 거죠. 이를테면 내가 무엇을 생각하든 생각하는 나는 분명히 존재한다는 겁니다.

코지토 에르고 숨[나는 생각한다, 고로 나는 존재한다]이 바로 데카르트가 발견한 철학의 제1원리요, 기초입니다. 이것 때문에 그가 근대 철학의 아버지, 혹은 시조라 불린다 해도 지나친 말이 아닐 겁니다.

가장 근원적인 진리의 장소가 데카르트에 의해 옮겨지고 있다는 것을 느낄 수 있나요? 데카르트 이전까지, 적어도 중세 천 년 이상 동안 가장 근원적인 진리의 장소는 신이었어요. 그 진리의 장소를 데카르트는 신에게서 인간에게로 옮겨 놓고 있는 겁니다. 진리의 중심축이 신에게서 인간에게로 옮겨지고 있는 하나의 사건이 바로 데카르트의 '나는 생각한다, 고로 나는 존재한다' 라고 할 수 있어요. 이제 더 이상 인간은 진리에 관한 한 신에게 의지하는 존재가 아니라 그 어떤 것에도 의존하지 않는 독립적 존재로서 자리 잡게 된 것입니다.

– 《데카르트가 들려주는 의심 이야기》 중에서

생각 쓰기

----

1 주체

주체란 어떤 것을 하는 데 있어서 중심이나 기본이 되는 어떤 것을 뜻한다. 데카르트가 '나는 생각한다, 고로 나는 존재한다' 고 말할 때, '나' 는 곧 생각하는 주체라는 것을 의미한다. 그리고 어떤 것을 하려면 이 세상에 진짜로 있어야 하므로, 이러한 주체는 곧 실제로 있는 어떤 것이기도 하다.

데카르트는 실제로 있으면서 생각하는 주체라는 개념을 가지고 철학의 중심을 신에서 인간으로 바꿨다.

데카르트 이전에는 이 세상을 움직이고 유지하는 것은 신 혼자였다. 왜냐하면 신이 이 세상을 만들었기 때문이다. 하지만 데카르트에 의해 적어도 참된 인식은 신으로부터 유래하는 것이 아니라 인간의 이성적 반성에 의해 가능하다는 것이 밝혀지게 된다. 따라서 생각한다는 것의 주체는 더 이상 신이 아니라 인간이 되는 것이다. 이러한 데카르트의 철학을 후세 사람들은 주체 중심주의라고 불렀다.

2 대상

대상이란 우리 앞에 마주 서서 주어지는 어떤 것이라고 할 수 있다. 다시 말해 대상이란 주체와의 관계 속에서만 드러나는 것이다. 왜냐하면 대상이란 어떤 것 앞에 마주 서지 못하면 대상이 될 수 없기 때문이다. 대상은 그 정의 자체가 마주 서 있는 어떤 것인데, 그러한 대상이 마주 서 있지 않다면 어떻게 대상이 되겠는가? 따라서 대상이란 주체와 떼려야 뗄 수 없는 관계이다.

앞에서 이야기했듯이 데카르트는 인간을 사유의 주체로 보았다. 그리고 그러한 사유의 주체에 마주 서 있는 것을 대상으로 본 것이다. 따라서 대상은 사유하는 주체로서의 인간에게만 진리를 알려 주는 것으로서 존재하게 된다. 인간은 자신의 앞에 놓인 대상을 이성으로써 파악하는 주체인 반면, 자연은 그러한 주체 앞에 놓여서 파악되기만을 기다리는 대상이 되어 버렸다. 이러한 데카르트의 구분법은 근대 유럽 사상에 큰 영향을 미쳤다.

3 이성

이성이란 이치에 맞게 생각하는 인간의 고유한 본성이다. 인간에게 이성이 있다는 것은 어떤 사실에 대해서 즉각적으로 있는 그대로를 받아들이는 것이 아니라, 그것에 대해서 반성하고 차근차근히 따져 본 후 받아들일 수 있는 능력이 있음을 뜻한다. 따라서 아무 생각 없이 사는 사람, 혹은 그저 분위기에 휩쓸려 반성도 해 보지 않고서 제멋대로인 사람을 '정신 나간 사람' 혹은 '비이성적인 사람'이라고 부르기도 한다. 우리는 이성을 잘 사용하여 합리적으로 잘 따져 보면서 살도록 해야 한다.

아비투어 철학 논술

예시 답안

① 데카르트는 1596년에 투렌 지방에서 태어났는데, 어렸을 때부터 병약하였다. 그로 인해 아침 늦게까지 잘 수 있었고, 이는 곧 혼자서 사색하는 습관을 갖는데 많은 영향을 주었다.

② 데카르트는 학교 선생님들을 존경했으나, 그들이 가르치는 내용에 대해선 의심했다. 다만 수학만이 올바른 것이라 믿었다.

③ 그는 학교를 졸업하고 나서 군대에 입대하여 세상을 돌아다니던 중에 신으로부터 새로운 학문적 통합을 시도하라는 계시를 받고, 돈을 모아 네덜란드에 가서 연구를 시작했다.

④ 네덜란드로 거처를 옮긴 데카르트는 실험과 연구를 하면서 여러 권의 책을 출판한다. 특히 그는 《방법서설》과 《성찰》을 출간한 후에 유명해졌다.

⑤ 스웨덴의 여왕과 교류하고 있던 데카르트는 여왕의 권유로 스웨덴에 가서 살지만, 제대로 적응하지 못해 결국 1650년에 세상을 떠난다.

주 제 탐 구   **01강**   데카르트의 의심

case 1   앞의 제시문은 중세 시대의 철학인 스콜라 철학이 어떤 역할을 해 왔는지에 대해 서술한 러셀이라는 철학자의 글 중 한 부분이다. 그리고 그 다음 글은 진짜 철학이란 어떤 것인지에 대해 설명하고 있다. 이 두 개의 제시문을 읽고, 데카르트가 살던 시기의 학문은 스콜라 철학 위주였으며, 스콜라 철학은 신학의 시녀와도 같은 역할을 했기 때문에 참된 진리를 합리적으로 설득시킨다기보다는 그저 믿으라고 강요했다는 사실을 지적할 수 있다.

또한 데카르트는 이렇게 강요된 믿음에서 벗어나 자신의 이성만으로 진리를 추구하기 위해서 노력했고, 그러기 위해서 자신이 이전에 알고 있던 것들을 의심하기로 결심했다.

데카르트가 했던 의심이란 그저 무턱대고 반대하는 것이 아니라, 꼼꼼히 따져 보면서 자신이 어떤 것을 진실로 아는지를 탐구하는 '방법적 회의'였다.

case 2 명하는 태안이가 진짜 태안이인지 의심하게 된다. 다른 사람들은 다들 태안이는 그저 태안이라고 믿었는데, 명하는 아닐지도 모른다는 의심을 한다. 그게 데카르트의 첫 번째 규칙인 '의심의 규칙'이다.

이렇게 명하는 태안이를 의심하면서 대충 아무렇게나 의심하는 것이 아니라 태안이의 태도, 행동, 말, 외모 등을 각기 나누어서 따져 본다. 그게 바로 '분석의 규칙'을 이용하는 것이다. 분석이란 나누어서 확인해 보는 것을 의미한다. 그러면서 이러한 것들을 하나도 빠짐없이 열거하는 것이 중요하다는 것이 바로 '열거의 규칙'이다.

그리고 나서 명하는 자신이 따로따로 확인한 것들을 하나로 모은다. 자신이 열거한 모든 것들이 '지금의 태안이는 진짜 태안이가 아니다'라는 결론에 도달하기 위해서는 자신이 확인했던 사실들을 하나로 모아야만 가능하다. 그게 바로 '종합의 규칙'이다.

case 1 첫 번째 글은 한 초등학교에서 선생님이 학생들에게 모두가 이성이 있음을 알려 주고 있는 내용이다. 두 번째 글은 데카르트가 자신의 글을 읽는 사람들에게 모든 사람에게는 이성이 있지만, 제대로 사용하지 못하고 있음을 강조하고 있다.

이 두 글에서 '이성'은 공통적으로 '참과 거짓을 구별하여 올바르게 판단하는 능력'을 의미한다. 그리고 이러한 이성은 사람마다 그 정도가 다르게 주어진 것이 아니라 천부적(하늘이 주었다는 뜻)으로 같은 정도를 지니고 있다는 것 또한 공통적인 내용이다.

첫 번째 글의 선생님과 두 번째 글의 데카르트 둘 다 이성은 모두에게 있지만 그렇다고 누구든지 그 이성을 잘 사용하는 것은 아니라고 강조하고 있다. 따라서 이성을 잘 사용하려면 이성을 잘 활용할 수 있는 방법을 알아야만 한다. 즉 모두에게 이성이 있되, 이를 잘 활용하려면 좋은 방법이 필요하다는 말이다.

문제를 보면 마지막 부분에서 이성과 철학 사이에는 어떤 관련이 있는지 생각해 보라는 부분이 나온다. 쉽게 말하면 철학이란 진리를 탐구하는 학문이다. 그런데 진리란 참된 것을 의미한다. 결국 인간의 힘으로 참된 것, 다시 말해 진리를 알려면 누구에게나 주어진 이성을 잘 사용해야만 한다. 왜냐하면 이성이란 거짓된 것과 참된 것을 가려내는 인간만의 능력이기 때문이다. 따라서 철학은 이성이라는 인간의 능력을 이용하여 진리를 추구하는 학문이므로, 이성과는 아주 밀접한 관계가 있다.

case 1
데카르트는 모든 것을 의심한 후에 결코 의심할 수 없는 하나의 사실은 내가 의심을 하고 있다는 사실임을 발견했다. 또 그것으로부터 의심을 하고 있는 '내가 있다' 는 것도 의심할 수 없는 사실임을 발견했다.

한편 데카르트가 왜 근대 철학의 아버지가 되었는지를 알기 위해서는 근대와 중세의 차이점을 알아야 한다. 중세에는 모든 것을 신에게 의존했던 반면, 근대에는 인간이 자신의 이성을 가지고서 자연을 있는 그대로 파악할 수 있는 과학적이고 수학적인 활동에 의존하게 된다. 따라서 첫 번째 제시문에서 볼 수 있듯이, 데카르트는 신이 우리를 속인다 할지라도 우리 자신이 있다는 것을 속일 수는 없다고 말할 정도로 이전의 신에게 의존하던 태도를 버릴 수 있었다. 거기다가 두 번째 제시문에서 나왔듯이, '내가 있다' 라는 진리는 신이 인간을 만들었기 때문에 참인 것이 아니라, 자기 자신이 모든 것을 의심(어떤 것을 의심한다는 것은 생각한다는 것을 의미)하고 있기 때문에 참으로 받아들일 만하다고 말한다. 이처럼 신의 도움 없이 자기 스스로 참된 것을 탐구하는 태도로 철학을 시작하였기 때문에 데카르트는 근대 철학의 아버지로 불린다.

Abitur

철학자가 들려주는 철학이야기 025

로크가 들려주는 타불라라사 이야기

저자_송종인

한국외국어대학교 철학과 박사 과정 중에 있으며, 아시아나 학술대회에서 수상을 했다. 현재 스카이에듀 논술 강사로 재직하고 있다.

로크

로크는 1632년에 영국의 브리스틀 근교에서 첫 울음을 터뜨렸지. 그와 동
시에 경험주의가 태어났다고 해도 과언이 아니야. 그는 거기에서 자라다가
학교에 들어갈 나이가 되자 웨스트민스터학교에서 공부를 시작했어. 아랍
어, 헤브라이어, 그리스어 및 라틴어까지 우수한 성적으로 수료했다는군.
한국어랑 영어만 공부하는데도 쩔쩔매는 너희들이 들으면 까무러칠 일이
겠지만, 이 당시에 배운 다양한 학문에 의한 박학다식함이 이후의 로크로
하여금 다양한 분야의 글을 쓸 수 있게 해 주었다고 전해지고 있어.

그는 스무 살에 대학에 들어가서도 계속 공부를 했는데 여기서 다양한 최
신 학문들, 가령 화학과 의학 같은 것들에 열중했다고 전해져. 이러한 그의
공부가 이후에 그가 전개할 경험주의적 입장에 큰 영향을 미쳤다는 것은 너
희들도 쉽게 짐작할 수 있겠지? 최신 유행 학문을 공부하던 그는 1650년대
중반 무렵 데카르트의 저술을 알게 되었고, 한동안 네덜란드로 여행을 다녀
오기도 했어.

그러다가 1675년에 지병인 천식을 치료하기 위해 프랑스로 가는데, 이 기

회를 이용해서 프랑스의 지성인들과 학문적 교류를 자주 했지. 아파서 푹 쉬러 가서도 그렇게 공부했던 걸 보니 정말 대단한 것 같아. 그는 프랑스에서 영국의 정치적 상황에 개입하면서 영국 왕의 미움을 한 몸에 받았다는 군. 소문에 의하면 로크는 찰스 2세에 대해 반대하는 입장을 노골적으로 표명하기까지 했는데, 그런 사람을 왕이 가만 놔뒀겠어? 급기야 그가 《관용론》을 출판하자, 그는 왕의 눈에 박힌 가시 같은 존재가 되어서 언제나 감시받는 입장이 되었다는군.

로크는 이러한 감시를 피해 네덜란드로 망명을 하게 돼. 당시의 네덜란드는 사상의 자유가 보장된 나라였기에, 유럽 대륙에서 온갖 똑똑한 사람들, 특히 왕에게 미운털이 깊이 박힌 학자들이 네덜란드로 피신을 하는 게 유행이었지. 로크도 예외는 아니었어. 로크는 네덜란드로 망명한 후 가명을 쓰기도 하고 며칠씩 집 안에 틀어박히기도 하는 등 소심한 태도를 보이지. 학문도 좋지만 자기 목숨이 먼저니까 우리가 이해해 주자고.

물론 로크가 마냥 겁에 질려서 숨어 지내기만 했던 것은 아니야. 아파서 치료차 프랑스에 갔을 때에도 학자들과 만나 공부를 했는데, 네덜란드로 망명했다고 그 버릇이 없어지지는 않았을 테니까 말이야. 그는 네덜란드에 망명해 있는 동안, 네덜란드로 피신해 온 많은 학자들과 밀접하게 교류하면서 여러 가지 주제들에 대한 글을 쓰지. 이 글들은 당장 발표되지는 못하지만, 찰스 2세가 죽고 나서 명예혁명이 성공한 후에 로크는 때를 만났다는 듯이 책을 출간하여 발표하고 명성을 얻게 돼. 그는 영국에 돌아가서 남은 생애를 보내는데 죽기 직전까지 신약성서의 주석에 관한 문제들에 몰두했다는군.

생각 쓰기

주 요 개 념 및 배 경 지 식

1 명예혁명

　　청교도혁명 이후 영국은 찰스 2세를 다시 왕으로 추대하고 군주제로 돌아가게 되었다. 하지만 찰스 2세가 죽고 제임스 2세가 왕이 되면서 노골적으로 가톨릭에 우호적인 태도를 취하자 전통적으로 국교회를 믿어 오던 귀족 세력과 젠트리 계급은 반감을 갖게 되었다. 그래서 네덜란드로 시집갔던 영국의 공주 메리와 손을 잡고 제임스 2세를 쫓아냈다. 물론 영국의 공주이자 네덜란드의 왕비였던 메리는 다시 영국의 왕비가 되었고, 이때 메리의 남편이었던 네덜란드 총독 윌리엄 공이 어부지리로 영국의 왕 자리에 오르게 되었다. 이 사건을 '명예혁명'이라고 한다. 피를 한 방울도 흘리지 않고 혁명에 성공했다고 해서 붙여진 이름이다.

　　이 사건을 계기로 왕이 된 윌리엄 3세는 왕의 권한을 대폭 축소시키고 입법 기관인 의회의 기능을 강화시키는 '권리청원'에 서명하게 된다. 이로써 영국은 입헌군주제의 기틀을 공고히 다지게 된다. 로크의 정치사상은 바로 이러한 역사적 배경으로부터 나온 것이다.

2 《관용론》

종교의 자유를 주장한 로크의 저서이다. 로크는 이 저서에서 당시 영국을 비롯한 유럽의 여러 나라들이 종교의 자유를 허용하지 않는 현실을 진단하고, 그 처방으로 '관용의 정신' 을 주장했다.

01강 경험만이 모든 것이다

case 1 다음 제시문을 읽고, 지금 여러분의 눈앞에 보이는 것들 중 세 가지만을 골라 단순 관념과 복합 관념으로 구분해 서술하시오.

"경험이 뭔데요?"

누군가 질문을 했습니다. 엉뚱한 질문 같았지요. '경험이 경험이지 뭐!' 하는 표정으로 아이들이 웃었습니다. 그런데 정작 '경험이 무엇일까?' 하고 묻는다면, 선뜻 대답을 할 수 없을 것 같았습니다.

"사람들에게는 다섯 가지 감각이 있어요."

"네! 보는 것, 듣는 것, 냄새 맡는 것, 맛보는 것 그리고 느끼는 것!"

한 아이가 우렁차게 대답합니다.

"그렇지요. 그럼, 우리는 이 다섯 가지 감각을 가지고 무언가를 알 수 있을까요? 없을까요?"

선생님이 다시 묻습니다.

"당연히 알 수 있지요. 우리는 보고 듣고 느끼면서 새로운 지식을 얻으니까요."

한강이가 대답합니다.

"바로 이렇게 사람의 다섯 가지 감각을 통해서 얻는 지식을 로크는 경험이라고 했어요."

"그럼, 이 다섯 가지 감각만 있으면, 모든 지식을 다 경험할 수 있는 건가요? 그건 아닐 것 같은데요?"

한 여자 아이가 아닐 거라는 확신을 갖고 질문을 합니다.

"물론 아니에요. 로크는 이 다섯 가지 감각을 통해서 얻은 것을 관념이라고 했어요. 그리고 이 관념으로 모든 지식을 얻을 수 있는 것이죠."

"좀 어려운데요? 이해가 잘 안 돼요."

"그러니까, 음……."

선생님도 잠깐 생각을 하셨습니다.

"사람들은 어떤 물건을 만지거나 눈으로 본 다음 '이것은 무엇이다!' 라고 하겠지요? 그렇게 안 것은 먼저 감각을 통해서 이해한 거예요. 그 다음 마음속으로 느끼겠지요. '이것은 저것과 다르다' 하고 말이에요. 이런 것은 마음속으로 의식한 거예요. 로크는 이 두 가지를 통해서 우리가 무엇을 알 수 있다고 말했어요."

– 《로크가 들려주는 타불라라사 이야기》 중에서

"이건 엄마가 해 준 얘긴데, 옛날에 어떤 이탈리아 철학자가 사람들한테 지구에 대해 설명을 했대. 지구는 어떻게 떠 있는 걸까? 둥근 지구는 마치 공중에 떠 있는 것 같잖아. 그런데 사실은 태양계 속에서 태양을 중심으로 움직이고 있는 거잖아. 이런 지구를 옛날 사람들에게 설명하기 어려웠나 봐. 그래서 그 철학자는 지구가 큰 코끼리 등 위에 있다고 설명했대. 사람들이 그럼 이 코끼리는 어디에 있느냐고 물었지. 이 철학자는 그 코끼리는 자기보다 더 큰 거북이를 디디고 서 있다고 했대. 그럼 그 거북이는 어디에 있을까? 너는 이 거북이가 어디에 있다고 생각하니?"

"저기…… 한솔아, 별로 재미없는데?"

한강이가 따분하다는 듯이 다른 곳을 쳐다봅니다. 하지만 아랑곳없이 한솔이는 이야기를 계속합니다.

"이 질문에 대하여 지구를 설명하던 철학자는 자신도 그 거북이가 어디에 있는지 모른다고 대답했대. 로크라는 철학자는 태어날 때부터 인간이 가지고 태어난다고 생각되는 관념들이 이와 같다고 말했어. 즉, 모든 인간은 처음에는 다 똑같다는 거지. 지식을 만드는 능력 같은 것은 가지고 태어나는 것이 아니니까. 그러니까 너랑 나도…….”

- 《로크가 들려주는 타불라라사 이야기》 중에서

생각 쓰기

감각기관

우리들에게는 크게 다섯 가지의 감각기관이 있어. 그건 우리의 신체 구조와 밀접한 연관이 있지. 보통 '오감'이라고도 이야기해. 하나씩 꼽아 볼까?

먼저 이 세상을 바라보는 눈이 있어. 눈은 우리에게 매우 많은 정보를 제공해 주지. 어떤 사물이 있는지 없는지부터, 그 사물의 모양과 색 그리고 밝기의 정도까지, 눈이 없다면 우리는 어떤 대상을 제대로 관찰하거나 경험할 수가 없어. 그래서 우리는 흔히 어떤 것을 분명히 경험했다면, "내 두 눈으로 똑똑히 봤어!"라고 말하는 거야. 생각해 봐. "내 두 콧구멍으로 똑똑히 냄새를 맡았어!"라고 하면 이상하잖아?

다음으로는 귀가 있지. 귀는 모든 소리를 듣는 역할을 해. 자연의 소리에서부터 사람들이 하는 말까지 말이야. 이렇게 귀를 통해 듣는 소리를 우리는 청각적 심상이라고 해. 귀는 눈 다음으로 우리에게 많은 정보를 알려 주지. 마찬가지로 우린 어떤 사람이 말한 것을 분명히 기억하고 있을 때, "이 두 귀로 똑똑히 들었어!"라고 말하지.

그 다음에는 입이 있어. 입은 우리를 가장 즐겁게 해 주기도 하지. 모든 맛은 입으로 느끼거든. 잠깐! 상식으로 알아 둬. 설마 매운맛이 진짜 맛의 한 종류라고 알고 있다면 그건 큰 오산! 매운맛은 통각이야. 즉 감각기관으로부터 받는 단순 관념으로 치자면 촉각에 해당하는 관념이지. 그러니까 우리가 '눈이 맵다'고 하는 것은, 그저 눈으로 맛을 느낀다는 의미가 아니라 말 그대로 '눈이 매운 것'이야. 아마 너희들의 손을 고춧가루 안에 집어넣고 있으면 손 전체로 매운맛을 아주 화끈하게 느낄 수 있을 거야. 그렇다고 진짜로 해 보지는 말도록! 너희 손이 퉁퉁 부어오를 테니까 말이야.

다음으로는 냄새를 맡는 후각이 있어. 그래, 후각은 코를 통해 가능해. 너의 옆에 앉아 있는 짝의 엉덩이에서 나오는 암모니아 냄새(우리는 이걸 흔히 방귀라고 불러)도 모두 후각이라는 감각기관이 너희들을 괴롭히기 위해 전해 주는 단순 관념이라고 할 수 있어.

마지막으로는 촉각이 있어. 촉각은 다른 감각들과는 다르게 직접 닿음으로써만 느낄 수 있는 유일한 감각기관이야. 이건 몸 전체에 퍼져 있어! 심지어는 너희들의 몸 안쪽에까지도!

너희들이 배고플 때 배에서 꼬르륵 소리가 나면서 위에서 살짝 고통이 느껴지지? 그게 바로 위의 안쪽 벽면이 서로 부딪히면서 느끼는 촉각이라는군! 그렇다고 배고 너무 고플 때, "아! 나는 지금 나의 위벽이 서로

부딪히는 촉각을 절실히 느끼고 있어!"라고 말하지는 마. 친구들이 이상한 눈길로 널 쳐다보면서 먹을 걸 안 줄지도 모르니까 말이야.

02 강 우리 서로 이해하며 삽시다!

case 1 로크는 우리가 평화롭게 사는 길은 서로가 서로를 이해하는 것이라고 주장했다. 다음 제시문을 읽고 서로 간의 이해란 어떤 태도를 가지는 것을 의미하는지 서술하시오.

한강이는 아빠에게, 한솔이는 엄마에게 자신들이 일란성 쌍둥이라는 사실을 듣게 되었습니다. 엄마와 아빠는 서로를 원망하기보다 서로의 삶을 행복하게 하기 위한 노력이었다고 말씀하셨습니다.

'세상의 모든 사람들이 같은 생각으로 똑같이 살 수 없는 일이니까, 난 엄마 아빠의 생각을 존중해.'

한강이는 엄마 아빠의 이혼이 나쁘지 않다고 생각했습니다.

'가장 어려운 순간 그것을 포기하는 것이 아니라 최선의 선택을 하는 거야. 그것이 올바르게 살아갈 수 있는 방법일 거야.'

한솔이는 이혼은 잘못되었지만 어쩔 수 없는 상황에서는 인정해야만 한다고 생각했습니다.

– 《로크가 들려주는 타불라라사 이야기》 중에서

사람의 본성에 대한 설명은 크게 성선설과 성악설로 나눌 수 있다. 다음의
제시문을 읽고 로크의 입장에서 성선설과 성악설을 모두 비판하시오.

"맹자는 모든 사람이 태어날 때는 착하다고 했어요."

다른 아이도 한몫 거들어 말합니다.

"그래요, 그런데 세상을 살아가면서 나쁜 것도 배우고 좋지 않은 것도 알
게 되어 나쁜 사람이 생긴다고 본 것이지요. 그게 바로 여러분이 잘 알고 있
는 맹자의 성선설이에요."

"반대로 성악설도 있잖아요?"

목소리가 꾀꼬리처럼 맑은 여자 아이가 물었어요.

"네, 있어요. 반대로 순자라는 철학자는 사람은 태어날 때 아주 나쁜 본성
을 갖고 태어난다고 했지요. 그러나 교육을 통해서 나쁜 마음이 사라지고
좋은 사람이 된다고 했어요."

"그렇지만 착한 마음과 악한 마음을 모두 갖고 태어날 수도 있잖아요?"

한강이가 고개를 절레절레 흔들며 물었습니다.

"그렇다면 착한 마음과 악한 마음, 둘 다 없이 태어날 수도 있다고 봐야지
않겠어?"

한솔이가 한강이에게 되물었습니다.

"하하하! 여러분 모두 철학자 못지않은데요? 그래요, 우리가 생각한 것처럼 옛날의 철학자들도 그렇게 생각했어요. 영국의 철학자 존 로크는 사람은 착한 마음이니 악한 마음이니 하는 것을 갖고 태어나는 것이 아니라고 했어요."

"선생님, 로크는 그런 사람의 마음을 타불라라사라고 했지요?"

— 《로크가 들려주는 타불라라사 이야기》 중에서

생각 쓰기

성선설과 성악설

성선설과 성악설은 언제나 서로 붙어 다니는 개념이다. 성선설과 성악설에 있는 맨 앞의 '성'은 사람이 태어날 때 가지는 어떤 특정한 상태(性)를 의미한다. 성(性)이란 글자를 잘 보면 마음 心(심)이란 글자와 날 生(생)이란 글자가 함께 있음을 알 수 있다. 즉 글자를 그대로 풀이하면 우리가 날 때 마음 안에 들어가 있는 본성이란 의미이다. 그래서 철학에서 성(性)이란 글자는 언제나 본성, 고유한 어떤 성질이라는 의미로 쓰인다. 이러한 타고난 성질이 좋다(善)고 생각하면 성선설이고, 그 성질이 나쁘다(惡)고 보면 성악설이 되는 것이다.

성선설과 성악설에 대한 논쟁은 동양과 서양 모두 있었다. 동양에서는 앞의 제시문에서도 나왔듯이 맹자와 순자 사이에 있었다. 맹자는 사람의 마음 안에는 언제나 착한 본성이 있는데, 이게 더럽혀지고 가려져서 세상에 악한 사람들이 생겨나는 거라고 생각했던 반면, 순자는 사람이란 태어날 때 욕심으로 가득 찬 악한 존재이지만 교육을 통해 이러한 악한 마음을 점차로 순화시켜 나간다고 생각했다.

서양에서는 크게 홉스와 루소의 사상으로 구분해 주고 있다. 홉스는 자연 상태에서 인간은 서로 만나기만 하면 먹을 걸 놓고 싸우는 그런 존재라고 가정한다. 즉, 인간은 모두가 자연 상태에서는 자신의 욕심만 채우려는 악한 심성을 가지고 있다고 홉스는 보고 있다. 그는 이러한 상태에서부터 벗어나기 위해 계약을 맺고 사회를 구성한다고 했다. 반면 루소는 자연 상태에서의 인간은 서로에게 해를 끼치지 않으며 아주 평화롭게 살아가는 착한 존재라고 주장했다. 물론 이렇게 착한 사람은 개인이 소유하고자 하는 물건들이 많아지면서 그런 본성을 잃어버리게 되었고, 이런 일로부터 사람들의 자연적 성품을 보존하기 위해서 계약을 통해 사회를 구성한다고 루소는 보았다. 결국 홉스는 성악설을 주장했다면, 루소는 성선설을 주장했다고 말할 수 있다.

아비투어 철학 논술

예시 답안

① 로크는 1632년에 영국에서 태어나 웨스트민스터학교에 들어가 공부를 시작했다. 그는 다방면에 걸쳐 열심히 공부했으며, 그의 이러한 박학다식함은 이후 그의 저술의 토대가 되었다.

② 스무 살에 대학에 들어간 로크는 최신 학문인 화학과 의학에 몰두했다. 그러던 중 1650년 중반부터 데카르트의 사상에 영향을 받기 시작했다.

③ 1675년에 프랑스로 요양을 간 로크는 영국의 정치 상황에 개입하면서 왕으로부터 미움을 받는다. 특히 《관용론》을 출판한 후 심한 감시를 받게 된다.

④ 로크는 이런 감시를 피해 당시 사상의 자유가 보장되는 나라였던 네덜란드로 망명을 간다. 여기서 그는 많은 학자들을 만나 교류하였고, 많은 글을 썼다.

⑤ 명예혁명 이후 로크는 자신의 저술을 발표하여 명성을 얻었고, 남은 생애의 대부분을 《신약성서》의 주석에 관한 문제들에 몰두하였다.

주 제 탐 구 **01**강 경험만이 모든 것이다

case 1 애석하게도 난 너희들의 눈앞에 무엇이 보이는지 짐작조차 할 수 없구나. 아! 하나는 모두 똑같겠구나. 너희들은 지금 이 책을 읽고 있으니까, 적어도 이 책만큼은 너희들 눈앞에 놓여 있겠지. 그러니 이 책을 예를 들어 설명해 보도록

213

할게.

우선 너희들은 눈으로 이 책을 볼 텐데, 그것도 책 자체를 보는 건 아닐 거야. 모양은 네모이고, 하얀색 바탕에 까만 색 줄들이 보이지. 그리고 책 겉표지에는 알록달록한 색깔들이 있을 거고. 그게 바로 시각이라는 감각기관을 통해 너희들이 받아들이는 단순 관념이야.

다음으로는 책의 무게 및 딱딱함, 약간 차가움 그리고 말라서 바스락거리는 것을 느낄 수 있겠지? 그건 촉각을 통해 너희들이 느끼는 단순 관념들이야. 그리고 킁킁! 냄새를 맡아 봐. 뭐, 책에서 종이 냄새밖에 안 나겠지만, 아마 이 책을 읽다가 그대로 베고서 잠이 들었다면 침 냄새도 약간 날 수 있겠지? 그런 냄새들이 코를 통해 너희들이 받아들이는 후각의 단순 관념이라고 할 수 있어. 그리고 책을 넘길 때 나는 책장 소리, 그건 청각의 단순 관념이지. 그렇다면 이제 맛을 보는 미각이 남아 있긴 하지만, 설마 책에 너희들의 축축한 혀를 갖다 대고 날름날름 맛을 보려는 건 아니겠지? 여하튼 이 책에서도 종이 맛이 날 거야. 그게 바로 미각적 단순 관념이지. 그렇다고 너무 오랫동안 혀를 책에 대고 있지는 마. 책의 한쪽 부분이 너희들의 침에 불어서 두꺼워지면 책 모양이 꽤나 보기 싫을 테니까.

이렇게 감각기관을 통해서 너희들이 받아들이는 단순 관념에는 총 다섯 가지가 있어. 하나도 빼놓지 않고 썼으면 한 개당 15점씩 총 75점이야. 거기다가 너희들이 나열한 다섯 가지의 단순 관념이 하나로 모이면 복합 관념인 '책'이 된다는 것까지 썼으면 25점을 더 받을 수 있어. 그렇다면 총합은 얼마일까?

아마 이 문제는 조금 어려웠을 거야. 약간은 은유적인 표현을 써서 로크의 타불라라사를 설명하는 부분이거든. 그러니까 우선은 그 은유적인 표현을 이해하도록 노력해야만 했어. 자, 이해가 잘 안 됐다면 내가 설명해 줄게.

예전에 한 과학자가 지구는 둥글고 우주에 떠 있다는 걸 발견해 냈어. 그런데 이걸 사람들에게 설명해야만 했지. 이 과학자의 새로운 이론을 사람들이 이해하기란 매우 힘들었어. 그래서 과학자는 '아! 사람들이 알고 있는 걸 이용해서 설명해야겠구나!' 라고 생각했던 거야. 지구가 우주 위에 떠 있긴 한데, 당시 사람들이 그걸 이해하지 못하니까 커다란 코끼리 위에 지구가 있는 거라고, 그리고 그 코끼리는 더 큰 거북이 위에 있는 거라고 설명을 했어. 그런데 사람들이 그 과학자에게 계속 요구했지. "그렇다면 그 거북이는 뭐 위에 있는 건가요?"라고. 왜냐하면 사람들은 모든 물체는 어떤 것에 떠받쳐져 있어야 한다는 것을 경험으로 알고 있었기 때문이야. 하지만 과학자도 더 이상 대답하지 못했지. 왜냐고? 이유는 간단해. 그 과학자는 더 이상 큰 것을 몰랐기 때문이지 뭐. 어쩌면 '이런 식으로 답하다간 끝이 없겠는걸' 하고 자포자기 했을지도 몰라.

한솔이는 그게 로크의 타불라라사를 설명하는 비유적 표현이라고 생각했던 것 같아. 왜냐하면 사람들이 경험상으로 어떤 물체가 밑에 떠받쳐 있지 않으면 떨어지는 것만을 겪었기 때문에, 아무런 받침도 없는 우주에 지구가 덩그러니 떠 있다는 것을 이해하지 못했기 때문이지. 즉, 사람은 경험하지 못한 것에 대해서는 쉽게 상상을 할 수가 없어. 다시 말해서 경험이야말로 인간의 지식이 갖는 한계인 거지. 그리고 그러한 경험이 주어지기 전의 상태는, 마치 그 과학자가 거북이보다 더 큰 것을 모르겠다고 이야기했던 것과 마찬가지로, 아무것도 모르는 상태인 거고. 그게 바로 타불라라사, 즉 백지상태인 거지.

　이런 내용으로 글을 썼다면 좋은 점수를 받을 수 있을 거야.

주 제 탐 구 **02**강　우리 서로 이해하며 삽시다!

case 1　　한강이는 자기의 부모님들이 이혼을 한 탓에 자기의 삶이 꽤 힘든데도 최
　　　　대한 부모님의 입장에서 생각하려고 노력하고 있어. 서로가 서로를 이해
한다는 건 바로 이런 거야. 즉 남의 입장이 되어서 그 사람의 심정을 알 수 있고, 그리
하여 그 사람과 같은 심정을 느끼는 것이 진정한 이해인 거지.

　우리는 서로를 이해하지 못한 채, 그저 팔이 안으로 굽는다는 속담에 힘입어 다른
사람들을 이해하기 위해 노력하지 않는 경우가 많아. 하지만 내 한 몸이 상대방을 향
해 돌아서서 그 사람의 마음을 끌어안고자 노력한다면 서로서로 이해하는 데 더 많은
도움이 될 거야.

　결국 로크가 평화롭게 사는 길을 제시한 것은 그리 어려운 것은 아니야. 다만 실천
하기가 생각보다 힘들 뿐이지. 당장 지금부터라도 다른 사람의 입장이 되어서 이해하
려고 노력해 봐. 세상이 조금은 더 아름답게 보일 테니까.

　이런 논지를 썼으면, 점수는 10점! 만약에 너희들이 이런 내용을 실천한다면, 그때
는 100점 만점을 받을 수 있을 거야. 이렇게 좋은 내용을 글로만 써 놓고 실천을 안 한
다면 사실은 10점도 아까운 점수라고!

case 2 로크는 인간의 마음이란 경험에 의해서 생성되는 것이기 때문에, 인간이 태어나는 순간에는 타불라라사, 즉 하얀 백지상태와 같은 것이라고 생각했지. 그건 마치 교실의 칠판이 어떤 선생님이 들어오느냐에 따라 서로 다른 내용을 채울 수 있는 것과 같은 이치야. 너희들이 지긋지긋해 하는 수학 선생님이 들어오면, 칠판에는 끔찍한 내용들로 가득 차겠지. 그렇다고 수학 선생님이 나쁘다는 말은 아냐. 그저 수학이 끔찍할 뿐이지. 사람에 따라 누구는 역사를 싫어하거나 국어를 싫어하기도 하겠지. 하지만 너희들이 좋아하는 내용이 칠판에 가득 쓰인다면 그 칠판은 아주 재미있는 칠판이 될 거야. 사람에 따라 어떤 사람은 수학을 좋아하기도 하고 어떤 사람은 역사를 좋아하기도 할 테지. 이렇듯 로크도 인간이 맨 처음 태어날 때에는 선하거나 악한 어떤 것이 들어 있는 것이 아니라, 이후의 삶에서 겪는 경험들에 의해 그러한 것들이 결정된다고 보는 입장이었어. 여기까지 썼으면 85점이야.

만약에 너희들이 방금 전에 설명한 로크의 백지상태 이론을 제대로 이해했다면, 로크에게 있어서 교육이 얼마나 중요한 것으로 생각되었는지 짐작이 갈 거야. 로크는 아무것도 결정되지 않은 어린아이를 올바르게 교육하는 것이 매우 중요하다고 생각했어. 그리고 좀 잘못 쓰였다 할지라도 올바르게 교정된다면 다시 착한 사람이 될 수 있다고 생각하기도 했지. 로크의 이러한 입장은 이후에 계몽주의라는 18세기의 사상적 흐름에 큰 영향을 미쳤어. 로크가 교육을 중요시했을 것이라는 점까지 추론해서 썼다면 100점 다 받을 수 있지.

Abitur

철학자가 들려주는 철학이야기 026

한비자가 들려주는 상과 벌 이야기

저자_유성선

현재 강원대학교 철학과 교수로 재직 중이다.

한비자

韓非子

아래 제시된 글을 읽고 한비자가 살았던 전국시대 말기 상황과 한비자는 어떤 사람인지 요약하시오.

　한비자는 전국시대 한(韓)나라 어느 귀족의 아들로서 기원전 280년경에 태어났습니다. 전국시대에 각 나라는 서로 날카롭게 대립하고 있었으며 경쟁이 매우 치열했습니다. 모든 나라가 강력한 제국을 건설하려고 했기 때문입니다. 그러한 이유로 어떤 원리·원칙적인 학설을 사용하는 것과 상관없이 전쟁이 자주 일어났고 사회질서는 무너졌으며, 사람들 간의 사이도 좋지 못했습니다. 그 당시 한나라는 국력이 약하여 여러 나라로부터 시달림을 당했습니다. 특히 이웃 나라인 진나라는 강력한 힘으로 천하 통일을 추구하고 있었으므로 이웃 나라인 한나라는 진나라에 대항하지 못하고 그저 눈치만 보고 있는 상황이었습니다. 이러한 혼란기에 형성된 사상이 바로 한비자의 '법가 사상' 입니다.

　한비자는 전국시대 말기의 대사상가로 순자를 스승으로 모셨습니다. 순자는 성악설을 주장하고 예를 강조했던 유명한 학자입니다. 한비자는 이사(李斯)와 같이 공부했는데, 말을 더듬는 버릇이 있어 발표는 잘 못했지만 법률과 법가의 학문을 좋아했으며, 뛰어난 문장으로 인정을 받았습니다. 그는 당시 한나라가 위태로운 것을 보고 왕에게 나라를 부유하게 하고 군사를 강하게 할 방법을 내놓았으나 받아들여지지 않았습니다. 왕에게는 그것을 실행할 만한 의지가 없었고, 왕 주위 신하들은 한비자의 말에 전혀 귀를 기울이지 않고 오히려 그를 방해했습니다. 거꾸로 한비자의 견해를 듣고 감탄한 사람은 중국을 통일한 진시황이었습니다. 여러 길을 통해 한비자의 글을 읽은 진시황은 "내가 이 사람을 만나 사귈 수 있다면 죽어도 여한이 없겠다"고 말할 정도였습니다. 이러한 이유로 진시황이 기원전 233년에 병력을 동원하여 한나라를 공격하였고, 한비자는 진나라에 사신으로 가게 됩니다.

진시황이 한비자를 뽑아 신하로 삼으려 하자, 그와 같이 공부했던 이사가 그를 모함하여 감옥에 갇히게 되고, 또 이사의 거짓말에 속아 이사가 준 약을 먹고 죽었습니다. 진시황은 비록 한비자와는 만나지 못했지만 그의 학설을 채용하여 육국(六國)을 멸망시키고 천하를 통일하게 되었습니다.

1 순자

순자(荀子, BC 298?~BC 238?)의 이름은 황(況)이고 자는 경(卿)이다. 순자는 공자의 제자였던 자하의 학문을 이었다고 하며 유가 사상을 현실화시킨 인물로 평가받고 있다. 순자의 핵심 사상은 성악설로, 맹자와 달리 선의 기준을 외부의 사회 상황에서 찾았고, 인간의 자연적이고 생리적인 욕구를 본성으로 주목하여 철저하게 인간 중심적인 사상을 전개하였다.

2 성악설

고대 중국의 유학자 순자가 주장한 학설로 사람의 타고난 본성은 악하다고 보는 학설이다. 성악설은 사람이 태어나면서 가지고 있는 욕망에 주목하고 그것을 내버려 두면 사회적 혼란이 일어나기 때문에 악이라고 보았다. 따라서 수양이라는 것은 사람 내부에 잠재해 있는 것을 기르는 것이 아니라, 외부의 가르침이나 예의에 의해 후천적으로 쌓아 올려야 하는 것으로 규정하고 있다.

01강 두 개의 칼자루 '상'과 '벌'

case 1 '상'과 '벌' 중 어떤 것이 더 큰 힘을 발휘할까? 다음 글을 읽고 '상'과 '벌' 중 어느 것이 더 큰 힘을 발휘할지 자신의 경험과 비교해 서술하시오.

"옛날이야기를 해 볼까요? 중국 위나라에 '오기'라는 장군이 있었습니다."

"오기가 사람 이름인가요?"

"네, 그렇죠. 오기라는 이름을 가진 장군은 장차 진나라를 칠 계획을 세웠습니다. 그래서 북쪽 성문에 막대기 하나를 세우고는 이렇게 말했어요. '이것을 남쪽 성문으로 옮기는 사람에게 좋은 농토와 집을 주겠다.' 처음에는 아무도 옮기는 사람이 없었어요. 그까짓 일을 한다고 그렇게 큰 상을 준다는 것이 믿어지지 않았기 때문입니다. 그런데 얼마 있다가 한 사람이 나섰어요. 그는 밑져야 본전이라며 그것을 남쪽 성문으로 옮겼습니다. 그러자 오기는 자기가 말한 대로 그에게 좋은 농토와 집을 주었습니다."

"와, 나도 받고 싶다!"

"그리고 이번에는 오기가 콩 가마들을 동쪽 성문에 두고서 '이것을 서쪽 성문으로 옮기는 사람에게 좋은 농토와 집을 주겠다' 라고 했습니다. 이번에는 사람들이 앞 다투어 콩 가마를 옮겼습니다. 오기는 약속대로 분명하게 상을 주었습니다. 그런 다음 오기는 마침내 명령을 내렸습니다. '내일 진나라를 공격할 것이다! 그때 맨 먼저 성벽에 오르는 자에게 높은 벼슬을 주고 좋은 집과 농토를 주겠노라! 라고요. 이에 사람들은 어떻게 행동했을까요? 사람들은 모두 오기의 말을 완전히 믿었습니다. 그러기에 전쟁이 벌어지자마자 앞을 다투어 성벽으로 올라갔습니다. 그래서 하루아침에 진나라의 성을 함락시킬 수 있었습니다."

"상이란 이렇게 큰 힘을 발휘합니다."

(……)

"옛날 중국에서 있었던 일입니다. 진나라의 왕 문공이 '호언' 이라는 신하에게 말했습니다. '나는 세금을 줄이고 형벌을 너그럽게 했으며, 가난하고 부족한 자에게 마음껏 베풀어 주었노라. 이로써 백성들로 하여금 전쟁터에 나가 싸우게 할 수 있겠는가? 라고 말이죠. 호언은 그 말을 듣고 이렇게 대답했습니다. (……) '부족합니다. 세금을 줄이고 형벌을 약하게 하는 것은 백성들을 풍요롭게 살아가도록 만들어 주는 일입니다. 그러나 전쟁터에 나가 싸우게 한다는 것은 백성들을 죽이는 일이기도 합니다. (……) 그러므로 상을 줄 사람에게는 반드시 상을 주십시오. 그리고 벌을 줄 사람에게는 반드시 벌을 주어야 합니다. 벌을 줄 땐 철저하고 냉혹하게 벌을 주어야 합니다. 그래야 백성으로 하여금 언제든 전쟁터에 나가 피 흘리며 싸우게 할 수 있습니다' 라고요. 이 말은 상보다 벌이 더 큰 힘을 발휘한다는 뜻입니다."

-《한비자가 들려주는 상과 벌 이야기》 중에서

생각 쓰기

---

case **2** 많은 부모님들이 "자녀를 위해 할 일이 너무 많다"는 말은 한다. 그러나 부모가 자녀에게 할 수 있는 일은 크게 두 가지이다. 하나는 '상 주는 일'이고, 다른 하나는 '벌 주는 일'이다. 다음의 〈상벌 상자〉 이야기를 읽고 상과 벌이 지켜야 할 원칙에 대해 서술하시오.

노만 마이어는 문이 두 개 달린 실험용 '상벌 상자'에서 쥐들이 뛰어내리면서 앞에 있는 문을 열 수 있도록 조작했습니다. 두 문 중에 하나는 사각형인데 이 문을 쥐들이 열면 먹을 것이 나왔습니다. 즉 상을 주는 문입니다. 또 하나는 삼각형 문인데 이 문을 열면 사정없이 쥐들을 때렸습니다. 즉 벌을 주는 문입니다. 이렇게 하기를 며칠, 쥐들은 삼각형 문으로는 뛰어내리지 않았습니다. 벌받는 문으로 뛰어내려 매 맞을 이유가 없는 것이었습니다. 쥐들은 배가 고프면 사각형 문을 건드려 밥을 먹고 삼각형 문은 피하면서 비록 불편한 상자 속이지만 잘 적응하며 살았습니다. 그러던 어느 날, 마이어는 갑자기 쥐들에게 두 문의 상과 벌을 문과 상관없이 주기로 했습니다. 지금까지와는 반대로 상을 주는 사각형 문으로 뛰어내리면 밥이 나오기는커녕 사정없이 때리고, 혹 벌을 주는 삼각형 문으로 뛰어내리면 오히려 밥이 나왔습니다. 그리고는 잠시 후엔 그것을 또 뒤바꿨습니다.

생각 쓰기

신상필벌(信賞必罰)

공이 있는 자에게는 반드시 상을 주고, 죄가 있는 사람에게는 반드시
벌을 준다는 뜻으로, 상과 벌을 공정하고 엄중하게 하는 일을 이르는 말
이다.

02강 만인을 위한 진정한 법

case 1 '다음의 글은 한비자(한비)와 그의 친구로 등장하는 유가의 대화이다. 여기서 한비자는 법가의 대표 인물이고, 유가는 이름 그대로 유가를 대표하는 인물로 등장한다. 여러분이 임금이라면 유가와 법가의 통치 방법 중 어느 쪽을 택할 것인지 자신의 생각을 서술하시오.

"잘 듣겠다만, 너는 늘 엉터리 철학을 말하는 거 다 알아. 냉정하게 법을 만들어 철저하게 집행하라. 그래서 반대파들을 모조리 숙청하라. 철통같은 법과 질서로 백성들을 냉혹하게 다스려라. 그래야 백성들을 몰아붙여 전쟁에서 승리할 수 있다. 한비야, 그게 요즘 세상에 통할 수 있는 소리냐?"

"그럼? 너같이, 인정으로 사람을 사귀어라. 신의를 지키고 자애로움을 나누어라. 법에 앞서서 어진 마음과 의로운 정신으로 인간 세상을 평화롭게 하라. 뭐, 어쩌고저쩌고? 이게 나라 다스리는 짓이냐? 나라를 아예 망하게 하는 짓이냐?"

"야! 사람과 사람 사이에는 공기가 흐르듯이 사랑과 정이 흐르는 거야. 그러기에 마음이 어진 사람이 큰 덕을 쌓게 되면 저절로 백성들의 지도자로 우뚝 서는 것이고."

―《한비자가 들려주는 상과 벌 이야기》 중에서

1 공자

공자는 유가의 대표적 인물로 춘추시대 노나라에서 태어난 위대한 사상가였다. 그의 고향 노나라는 주나라의 독특한 통치 제도인 '봉건제도'와 '종법제도'가 잘 간직된 고대 문화의 보고였다. 공자의 핵심 사상인 인은 두 사람 사이의 관계를 나타내는 말이다. 내면으로는 자기 자신에 최선을 다하고, 밖으로는 남과의 관계에서 내 마음을 미루어 남의 마음을 헤아려 보는 정신이다.

2 맹자

맹자도 유가의 대표적 인물이다. 사람은 착하게 태어나고, 이 착한 본성을 가다듬는 것이 인간의 마땅한 의무라는 성선설을 제기하였다. 성선설은 맹자가 주장한 도덕설의 중심을 이룬다. 맹자는 인간은 본래 선하기 때문에 불쌍히 여기는 마음, 부끄러워 하고 미워하는 마음, 공경하는 마음, 옳고 그름을 가리는 마음을 지니고 있다고 주장하였다.

이러한 마음들은 밖으로부터 나에게 밀고 들어온 것이 아니라 내가 본래 가지고 있는 것이지만, 생각하지 않기 때문에 겉으로 나타나지 않는 것이라고 맹자는 주장했다.

3 순자

순자 역시 유가의 대표적인 인물이다. 순자가 태어난 전국 시대는 주나라 황실이 무너지고 난 뒤 매우 혼란스러운 시기였다. 맹자의 성선설과는 달리 순자는 성악설을 주장한 학자이다. 순자는 사람의 본성은 태어날 때부터 이기적이며 감각적이라고 주장했다.

그래서 순자는 어지러운 세상을 '예론'으로 바로잡아야 한다고 했으며, 공자의 유학을 이어받은 그의 사상은 다시 제자 한비자와 이사에 의해 법가사상으로 발전했다. 이 사상은 후에 진나라가 통일을 이루는 데 기본 사상이 되었다.

case 2 다음의 글은 우리가 많이 알고 있는 《장 발장》이라는 소설이다. 법과 용서 사이에서 고민한 자베르는 결국 죽음을 선택한다. 만약 여러분이 자베르라면 어떤 결정을 내렸을지 자신의 생각을 서술하시오.

가난 때문에 빵 한 조각을 훔쳤다가 19년간의 감옥살이를 한 장 발장은 밀리에르 신부의 은그릇을 훔치지만, 신부는 그를 혼내지 않고 오히려 은그릇을 장 발장에게 준다. 이를 계기로 양심의 눈을 뜨게 된 장 발장은 그 후 마들렌으로 이름을 바꾸어 백만장자가 되고 시장까지 되나, 장 발장이라는 이름을 가진 동명이인이 누명을 쓰고 재판 중이라는 소식을 듣고, 양심의 가책을 느껴 자백하고 대신 감옥에 가게 된다. 다시 탈옥한 후 코제트와 같이 평화롭게 지내는 가운데 공화주의자들의 반란 폭동이 일어나는데, 코제트를 사랑하는 청년 마리우스가 정부군과 싸우다 부상을 입는다. 장 발장은 마리우스에 대한 질투를 버리고 그를 구해 구사일생으로 탈출하는 도중 자베르와 부딪히게 된다.

(……)

죽음의 터널을 빠져나온 장 발장은 마리우스를 센 강변에 내려놓았다. 그는 손바닥으로 강물을 떠서 마리우스의 얼굴에 끼얹었다. 의식은 돌아오지 않지만 가는 숨소리가 들려왔다. 문득 인기척을 느낀 장 발장이 뒤를 돌

239

아보았다. 놀랍게도 자베르가 서 있었다.

자베르는 장 발장의 도움으로 목숨을 구하자 경찰서로 돌아갔고, 곧 감옥에서 도망쳐 나와 도둑질을 한 테나르디에를 쫓아 이곳까지 오게 된 것이었다.

"당신은 누군데 거기 있소?"

장 발장은 난데없이 나타난 자베르를 보고 순간적으로 당황했지만, 침착하게 대답했다.

"나는 장 발장이오."

자베르는 장 발장이란 말에 깜짝 놀라 얼굴을 들여다보았다.

"아, 당신이었군요. 대체 여기서 무엇을 하고 있는 겁니까? 그리고 누워 있는 그자는 누굽니까?"

자베르는 예전과는 다른 말투로 물었다.

"자베르, 이 사람을 자기 집으로 데려다 준 뒤에 나를 잡아가면 안 되겠소?"

장 발장이 조용히 말했다.

자베르는 아무 말도 하지 않고 마리우스를 내려다보았다.

"혁명군에 속했던 청년이군요. 당신이 이 청년을 여기까지 업고 왔고?"

장 발장이 말없이 고개를 끄덕였다. 자베르는 눈을 감고 잠시 생각에 잠겼다.

몹시 괴로운 표정이었다. 그때 마침 강둑 위로 마차 한 대가 지나가고 있었다.

"이봐요!"

자베르는 마차를 세웠다. 그리고는 장 발장을 도와 마리우스를 마차에 태웠다.

"이 사람을 데려다 주시오."

어리둥절해진 장 발장은 자베르를 바라보았다. 자베르는 뒤돌아 뚜벅뚜벅 걸어가 버렸다. 마차가 출발하자 자베르는 뒤돌아서서 떠나는 마차를 한동안 바라보았다. 자베르는 강변을 따라서 천천히 걸었다. 노트르담 다리까지 온 그는 다리의 난간을 잡고 가만히 서서 흐르는 강물을 바라보았다.

그는 몹시 괴로웠다. 그동안 그는 자신이 맡은 업무에만 최선을 다하며 살아온 사람이었다. 사람을 용서한다는 것, 사랑한다는 것을 생각하지 않은 채 살아온 것이었다. 그것을 장 발장이 깨닫게 해 주었다. 뿐만 아니라 자신의 목숨까지 구해 주었다.

자베르는 장 발장을 용서하고 싶었다. 그러나 자신의 직업을 생각해 보면 그는 장 발장을 체포해야 했다.

'법을 지키는 형사로서 장 발장을 체포해야 하는가, 그를 용서해야 하는가……'

그는 해가 지도록 흐르는 강물을 바라보고만 있었다. 주위는 어느새 어두

위졌다.

　자베르는 모자를 벗어 강물에 휙 던졌다. 그러더니 잠시 후 난간 위로 올라가 강으로 뛰어들었다. 그의 몸은 그대로 강물 속으로 사라졌다.

-빅토르 위고, 《레미제라블》 참고

생각 쓰기

아비투어 철학 논술

예시 답안

① 한비자는 전국시대 한나라 귀족의 아들로 태어났다.

② 전국시대의 사회적 상황으로 질서는 무너졌고, 사람들의 사이도 좋지 못했다.

③ 한나라는 국력이 약해 여러 나라로부터 시달림을 당했다.

④ 그는 사회적 질서를 바로잡고 나라의 힘을 키울 수 있는 방법을 찾았다. 그 방법이
　　바로 법으로 질서를 잡고 나라의 힘을 키우는 법가사상이다.

⑤ 이 사상은 스승인 순자의 성악설에 바탕을 두고 있다. 사람의 본성은 악하기 때문
　　에 법으로 질서를 잡아야 한다고 생각하였다.

⑥ 진시황이 한비자를 신하로 삼고자 했지만 이사의 모함으로 결국 죽게 되었다.

⑦ 그러나 진시황은 한비자의 법가사상을 채용하여 천하를 통일하게 되었다.

주 제 탐 구　**01 강**　두 개의 칼자루 '상'과 '벌'

case 1　　상이 벌보다 더 큰 힘을 발휘한다고 생각한다. 숙제를 안 해 가서 벌을 받은
　　　　　경험이 있다. 그 다음부터 벌을 받지 않으려고 대충 하더라도 숙제를 꼭 해
가지고 갔다. 그러던 어느 날 재미있는 숙제가 있어서 숙제를 대충하지 않고 열심히
해 갔다. 선생님께서 칭찬을 하셨다. 그 다음부터 칭찬을 받으려고 숙제를 열심히 해
갔다.

　내 경험으로부터 보더라도 상이나 칭찬이 벌보다 더 큰 힘을 발휘한다.

case 2 상벌이 지켜야 할 가장 중요한 원칙은 처음부터 끝까지 한결같아야 한다는 것이다. 상받을 일에는 상을 주고 벌받을 일에는 벌을 주어야 한다. 이것은 당연한 것이지만 지켜지지 않는 데 문제가 있다. 부모의 기분이 좋을 때에는 벌받을 일도 적당히 넘어가고, 부모의 기분이 나쁠 때는 상받을 일에 벌을 받아야 되는 경우도 있다.

한결같지 않은 상과 벌은 생각보다 엄청난 불행을 가져온다. 앞의 제시문에서 말한 쥐들은 상과 벌이 일정하지 않게 되자 스트레스를 받아 정상적인 행동을 벗어나기 시작했다. 쥐들뿐만 아니라 우리 어린아이들도 한결같지 않은 상벌에는 적응할 능력이 없다. 상과 벌은 공정해야 한다.

주 제 탐 구 **02**강 만인을 위한 진정한 법

case 1 법가는 강력한 법으로 나라를 다스려야 한다고 주장한다. 반면 유가는 어진 마음과 의로운 정신으로 세상을 다스려야 한다고 주장한다.

강력한 법으로 다스리면 사람들이 처벌받지 않으려고 마지못해 법에 따를 것이다. 하지만 어진 마음으로 다스리면 사람들이 임금의 말에 스스로 따를 것이다. 그러므로 나는 유가의 통치 방법을 선택할 것이다.

case 2 자베르는 범죄자인 장 발장을 만나지만 그를 체포해야 할 순간이 오자 지난 날 그에게 받은 은혜 때문에 망설인다. 그에게 장 발장은 범죄자인 동시에 은인이기 때문이다. 자베르는 장 발장을 만나면서 그동안 깨닫지 못했던 인간적 가치 의 소중함을 발견하고 괴로워하고 있는 것이다. 그 갈등 끝에 결국 자베르는 장 발장 을 놓아 준다. 형사의 신분으로서 범죄자를 보는 마음보다 자신의 생명의 은인을 보는 마음이 훨씬 컸기 때문일 것이다.

그러나 자베르는 자신의 갈등을 해결하지 못하고 죽음을 선택한다. 최후의 방법인 죽음을 선택한, 어찌 보면 가장 바보 같은 선택을 하고 말았다. 죽음은 문제를 해결하 는 것이 아니라 피하는 것이다. 나라면 장발장의 말대로 청년을 집에 데려다 주고 장 발장을 일단 잡아갈 것이다. 그리고 장발장이 흉악한 범죄자가 아니라는 사실을 밝혀 장발장이 처벌을 받지 않게 하려고 노력할 것이다.

Abitur

제논이 들려주는 논리 이야기

저자_신정하

전남대학교 국어국문학과를 졸업하고, 전남대학교 철학과 박사 과정을 수료
했다. 초등학교에서 독서 논술부 특기 적성 강사와 사회교육원 논술 지도자 과
정 강사를 했으며, (주)글사임당에서 독서 교재와 시사 논술 교재를 개발했다.

제논

Zenon of Elea

다음은 제논에 관한 글이다. 잘 읽고, 제논에 대해 어떤 것들을 알게 되었는지 요약하시오.

제논(Zenon of Elea)은 고대 그리스 키프로스 섬 키티온에서 태어났다. 서른 살 경에 아테네로 간 제논은 스토아학파를 만들었다. 스토아학파는 이성을 극히 존중하였고, 이성에 따라 생활할 것을 강조하였다. 스토아학파는 이성이야말로 인간이 따라야 할 모범이며, 이성을 가지고 있는 한 모든 인간은 평등하다는 주장을 했다. 그리고 이것은 근대 자연법 사상의 원천이 되었으며, 로마의 만민법에도 큰 영향을 주었다.

스토아학파라는 이름은 제논이 아테네의 스토아 포이킬레에서 강의를 한 데서 유래하며, 이러한 사실은 스토아가 어떻게 사용되었는가를 말해 주는 예라고 할 수 있다. '스토아' 는 고대 그리스의 '아고라(agora, 집회장·중앙 광장)' 안에 있던 기둥이 늘어선 복도를 이르는 말인데, 시민이 산책을 하거나 모임을 할 때에 사용했다고 한다. 아고라는 고대 그리스의 도시에서 시민 생활의 공공 광장으로 이용되었던 곳이었다. 기후가 좋은 그리스에서는 시민이 집 밖에서 생활을 많이 하기 때문에 아고라에 모여 스토아의 그늘에서 대화를 나누고 뉴스를 교환하며 정치에 대해 이야기했는데, 그것은 그리스 민주 정치를 지탱하는 잠재력이 되었다. 그곳의 벽에는 벽화가 그려져 있고, 작은 방은 상점으로 시장 역할을 하였으며, 때로는 재판을 하는 장소로도 쓰였다.

파르메니데스의 제자이기도 했던 제논은 나눌 수 없는 실재가 존재한다는 파르메니데스의 이론이 모순을 안고 있다고 생각한 사람들에 맞서, 시간과 공간 속에 다수의 사물이 존재한다고 가정하는 것이 더 심각한 모순을 가지고 있다는 점을 역설의 방법으로 보여 주고자 했다.

제논은 머리가 좋고 학식도 높았으나 성질이 괴팍하고 이상하여 그 당시 대학자들의 학설을 꼬집어 비꼬는 등 반박하기 어려운 여러 가지 역설로 많은 사람들을 당황하게 하고, 고민하게 했다. 이러한 역설들 때문에 그는 시민들뿐만 아니라 왕에게까지 미움을 받아 무참히 처형되었다.

1 이성

이성은 참과 거짓, 좋은 것과 나쁜 것을 구분할 수 있는 능력을 말한
다. 이성은 인간과 동물을 구분 지어 주는 인간만의 중요한 특성이라고
할 수 있다.

2 자연법

자연법은 민족, 사회, 시대를 넘어서 영원히 변하지 않으며 모든 것에
공통적으로 적용되는 보편적 질서, 규범을 말한다. 자연법의 내용이 무
엇인가에 대해서는 시대와 사상에 따라 다양하게 나타난다. 자연법의
대표적인 특징은 '정의' 로 표현된다. 아리스토텔레스는 '자연의 정의'
와 '법의 정의' 가 언제나 일치하지는 않는다고 주장했다. 그의 주장에
따르면, 자연의 정의는 사람들이 어떻게 생각하느냐에 따라 존재하는 것
이 아니라 어느 곳에서나 똑같은 효력을 가지고 존재한다. 이와 반대로
스토아학파가 생각한 자연법은 인간의 정신 속에 있는 '올바른 이성' 에
따르는 완전히 평등한 법이었다. 키케로 역시 '진정한 법은 모든 인간

안에 스며 있는 올바른 이성'이라고 주장했다. 그리고 근대의 자연법은 자연 상태에서의 인간, 즉 인간 본성 혹은 이성에 기초한 것이다.

중세에 들어와 자연법은 그리스도교의 가르침(교회법)과 결합되면서 신의 법과 동일시되었다. 즉 자연의 질서는 신에 의한 법이므로 인간은 이를 따라야 한다고 보았다. 그러나 중세 교회의 권위와 구속에서 벗어나자 자연법의 개념은 새로운 시기를 맞이했다. 즉 자연법은 인간의 이성이 만들어 내는 것이며 이성에 의해 발견되는 것이므로, 인간의 사회 생활을 이성적으로 분석하면 민족이나 사회 시대에 보편적으로 적용할 수 있는 법체계의 기반을 세울 수 있다고 믿은 것이다.

자연법 사상가는 그로티우스, 홉스, 로크, 몽테스키외, 루소 등이 있다. 이들 중 홉스는 자유롭고 평등한 권리를 지닌 인간들 각자가 서로에 대해 외로운 전쟁을 벌이던 야만적 '자연 상태'에서 인간 사회가 시작되었다고 주장했다.

홉스는 자연권을 '인간이 자기 본성을 지키기 위해, 다시 말해 스스로의 생명을 지키기 위해 각자 자신의 힘을 사용할 수 있는 자유'라고 생각하고, 자연법을 '인간이 자기 생명을 파괴하지 못하도록 이성을 통해 발견하는 일반 규범의 가르침'이라고 정의했다.

영국의 로크는 홉스와는 달리 자연 상태에 대해 자유롭고 평등한 인간이 이미 자연법을 준수하고 있는 사회 상태라고 묘사했다.

3 만민법

만민법은 로마 시대에 시민권을 가지지 못한 외국인에게까지 적용하기 위해 제정한 법이다. 로마는 영토를 확장함에 따라 농업 국가에서 벗어나 세계적 상거래의 주도권을 잡게 되었고, 이로서 국제적 거래와 법률 교류의 필요성이 생겼다.

따라서 로마의 시민권을 가진 시민에게만 적용되던 시민법은 그 한계에 이르렀고, 로마 국적 이외의 모든 민족들에게도 적용될 수 있는 규율인 만민법이 등장하게 되었다.

원래 만민법은 현대적 의미의 국제법은 아니었지만 여러 민족들을 규율하는 법으로서 오늘날 국제법의 토대가 되는 법이기도 하다.

4 아고라

아고라는 고대 그리스의 도시 국가(폴리스)의 중심이 되는 시(市)에 있는 광장을 일컫는 말이다.

정치적인 광장과 시장을 겸한 독특한 것으로 그 주변에는 관청과 신전(神殿) 등 공공건물이 많이 세워져 있었다. 아고라의 어원은 '모이다'라는 뜻을 가진 '아고라조'로서 사람들의 모임이나 모이는 장소를 의미하였다. 헤로도토스는 아고라가 있느냐 없느냐에 따라 그리스인과 그리스인이 아닌 사람을 구별했다고 한다.

주 제 탐 구

01강 이오니아학파와 엘레아학파

case 1 다음은 이오니아 사람들과 엘레아 사람들의 주장이다. 잘 읽고 물음에 답하시오.

〈이오니아 사람들의 주장〉

이오니아 사람 1: 우리는 우주와 자연의 본질을 탐구했지.

이오니아 사람 2: 만물의 근원 물질은 물이라네.

이오니아 사람 3: 이 세상의 근본 물질은 땅, 물, 불, 공기야. 이런 근본 물질들을 합치면 세상의 모든 변화에 대해 설명할 수 있다네.

이오니아 사람 4: 세상의 근본은 숫자라고 할 수 있어. 세상에 존재하는 모든 것은 일정한 크기를 가지고 변화한다, 이 말씀이야.

이오니아 사람 5: 어쨌든 만물은 끊임없이 변화하는 것일세.

〈엘레아 사람들의 주장〉

엘레아 사람 1: 신화에 나오는 여러 신들은 인간의 상상력에 의해 만들어 낸 것이야. 원래 신은 단 하나야.

　엘레아 사람 2: 세상에 변화란 없는 것이지.

　① 파르메니데스는 '변화란 진정으로 존재하는 것이 아니고 우리의 착각에 불과한 것'이라고 주장했다. 파르메니데스의 주장이 옳다고 생각하는 제논은 이오니아 사람들의 주장에 동의했을까? 아니면 엘레아 사람들의 주장에 동의했을까? 그 이유도 함께 설명하시오.

　☞ 제논은 ＿＿＿＿＿＿＿＿＿＿＿＿＿의 주장에 동의할 것이다.

☞ 그 이유는?

② ‘만물의 근원은 물’ 이라고 말한 이오니아 사람 2와 ‘만물은 끊임없이 변화한다’고 말한 이오니아 사람 5는 각각 누구인지 해당하는 철학자의 이름을 알아보고, 그들의 주장을 정리해 보시오.

☞ 이오니아 사람 2의 이름:

☞ 이오니아 사람 5의 이름:

주 요 개 념 및 배 경 지 식

1 탈레스

　이오니아 식민지의 밀레투스에서 만물의 원리와 원인을 추구했던 최
초의 철학자들이 탄생했다. 그리고 학문의 성격을 어느 정도 갖춘 최초
의 철학 학파도 밀레투스에서 탄생했다. 그중에서 신화적 요소를 버리
고 세계의 기원을 순수하게 자연에 기초하여 설명한 최초의 사람은 탈레
스였다. 다시 말해 탈레스는 신화의 세계와 이성의 세계 사이에 다리를
놓은 사람이라고 할 수 있다.

　상인으로 재산을 모아 이집트에 유학하여 그곳에서 수학과 천문학을
배웠다는 탈레스는 '만물은 물로 만들어져 있다'고 주장했다. 물은 생
명을 유지하기 위해 없어서는 안 되는 것이며, 또 물이 고체 · 액체 · 기
체의 3가지 상태로 나타난다는 것에서 그런 생각을 하게 된 것으로 짐작
된다.

2 아낙시메네스

　아낙시메네스는 뛰어난 상상력을 가진 타고난 관찰자였다. 그의 사상

은 신화에서 과학으로 이동하는 단계에 있다고 보고 있는데, 이 점은 무지개가 그리스 신화에서 말하는 것처럼 여신이 아니라, 응축된 공기에 햇빛이 비칠 때 일어나는 현상이라고 설명하는 것에서 분명히 드러난다. 아낙시메네스는 농후해진 공기가 바람을 만들고, 이 과정이 지속되면 물이 되고, 그 다음에는 땅이 생겨나며, 마지막으로 최후의 모습은 암석에서 발견된다고 하여 '물질은 공기로 이루어졌다'는 주장을 하였다.

3 피타고라스학파

남부 이탈리아 크로톤에 세워진 피타고라스학파는 기본적으로 종교 단체였으며 아폴론과 뮤즈 신을 숭배했다. 피타고라스학파의 '사물은 숫자'라는 생각은 훗날 수학의 전통을 세웠다. '사물은 숫자'라는 말은 수를 통해 사물의 측정이 가능하며 사물을 숫자로 비교할 수 있다. 피타고라스학파는 '정의는 4이며, 결혼은 5이다'처럼 추상적인 것들도 각기 고유의 수를 갖고 있다고 생각했다.

4 헤라클레이토스

헤라클레이토스는 '세계의 근본 물질은 불'이라고 했다. 이것은 모든 사물이 다른 상태로 변화하는 과정이라는 것을 은유적으로 설명하는 것이다. 그는 자신이 살았던 시대의 종교를 모두 거부하면서 지혜를 얻을 수 있는 유일한 방법은 모든 사물이 공유하고 있는 근본 원리를 파악하는 데 있다고 말했다. 헤라클레이토스는 주로 자신을 둘러싼 세계를 설명하는 데 관심을 갖고 사람들이 사회적 조화를 이루며 함께 살아갈 필요가 있다는 점을 강조했다. 또한 그는 단일한 실체가 여러 가지 방식으로 지각될 수도 있다고 말했다. 즉, 바닷물은 사람에게는 해롭지만 물고기에게는 이롭다는 것이다. 서로 반대되는 것의 관계를 이해함으로써 세계란 한 방향의 변화와 그와 대응하는 다른 방향의 변화가 궁극적으로 균형을 이루는 체계로 존재한다고 주장했다. 다시 말해 만물들 사이에는 보이지 않게 연관되어 있어서 겉보기에는 '떨어져 있는 것'도 실제로는 '함께 있게 된다'는 것이다.

5 파르메니데스

엘레아학파의 창시자인 파르메니데스는 모든 사물은 어떤 하나의 기본 재료로 이루어진다는 주장을 살펴본 결과 모든 사물이 어떤 기본 재료로 이루어진다면 빈 공간은 있을 수 없다는 점을 알아냈다. 그리고 물질은 창조되지 않고 또한 영원하며, 물질 이외에는 어떤 것도 존재하지 않으므로, 세계는 운동도 변화도 없이 동일한 물질로 되었다고 생각했다. 파르메니데스에게는 '모든 것이 하나'인 것이다.

6 엠페도클레스

　엠페도클레스는 모든 물질의 근원을 불·공기·물·흙이라고 주장했다. 모든 사물은 이 네 가지 본질적 원소들의 합성물이며, 사물은 이 기본 원소의 비율에 따라 서로 형태를 바꿀 뿐 어떤 사물도 새로 탄생하거나 소멸하지 않는다고 생각했다. 그리고 '사랑'과 '싸움'이라는 두 힘이 상호 작용하여 4원소들이 결합하거나 분리된다고 생각했다. 싸움이 작용하면 이 원소들은 서로 떨어져 나가고, 사랑이 작용하면 원소들은 함께 섞인다는 것이다. 처음에는 사랑이 지배했기 때문에 4원소는 모두 함께 혼합되어 있었지만, 우주가 형성되는 동안 싸움이 개입하여 공기·불·흙·물이 서로 떨어져 나왔다고 한다. 이러한 주장을 했던 엠페도클레스는 스스로를 신이라고 하면서 자기가 신이라는 점을 확신시키기 위해 '에트나'라는 화산 꼭대기의 분화구 속에 스스로 몸을 던졌다고도 한다.

02강 제논의 거꾸로 생각하기

case 1 다음은 '솔로몬의 재판'에 관한 이야기이다. 여러분이 솔로몬이라고 생각하고, 제논의 '거꾸로 생각하기'를 사용하여 밑줄 친 부분에 들어갈 알맞은 말을 쓰고, 아이의 진짜 어머니를 밝히는 재판 과정을 설명하시오.

지혜롭다고 소문이 난 솔로몬 왕에게 하루는 두 여인이 태어난 지 얼마 되지 않은 한 아이를 데리고 왔다. 솔로몬이 무슨 일로 왔느냐고 묻자 두 여인은 데리고 온 아이가 서로 자기의 아들이라고 주장하면서 아이의 진짜 어머니를 밝혀 달라고 청했다. 솔로몬이 두 여인을 보고 그 아이가 자신의 아이라는 증거를 대라고 하자 두 여인은 모두 지지 않고 그럴듯한 이유를 말했기 때문에 아무도 그 아이의 진짜 어머니를 밝혀내지 못하고 있었다. 이때 무엇인가를 곰곰이 생각하던 솔로몬 왕은 갑자기 생각났다는 듯 이러한 판결을 내렸다.

" _____ "

그러자 솔로몬의 말을 들은 한 여인이 그 아이는 자신의 아이가 아니라고 하면서 울었고, 다른 한 여인은 드디어 자신이 그 아이를 차지했다는 듯이 웃었다. 바로 그때 솔로몬 왕은 울고 있는 여인을 향해 '저 여인이 아이의 진짜 어머니'라는 판결을 내리고, 다른 여인에게는 벌을 내렸다.

① 밑줄 친 부분에 들어갈 알맞은 말을 적어 보시오.

----

② 제논의 '거꾸로 생각하기'를 사용하여 아이의 진짜 어머니를 밝히는 과정을
 설명하시오.

퀴즈: 날아가는 화살은 과연 움직일까?

"답은 알아냈어?"

"당연한 거 아냐? 날아가는 화살은 당연히 움직이지!"

주호가 자신 있게 대답했어.

"하하! 그렇지? 자, 그럼 이제 너희는 너희 갈 길을 가도록 해. 날 그만 쫓아다니고."

제논은 고소하다는 듯이 웃으며 말했어.

"말도 안 돼. 그럴 수는 없어. 그렇다면 네 말은 날아가는 화살이 움직이지 않는다는 거야?"

나는 믿을 수 없다는 듯 물었어. 그리고 제논의 대답은······.

"응, 날아가는 화살은 사실 움직이지 않아."

"뭐?"

주호와 나는 믿을 수 없었어.

"사실 운동이라는 것은 존재하지 않거든. 이오니아의 피타고라스는 '세상에 존재하는 모든 것들은 변화한다' 고 주장했어."

"그런데? 그게 틀린 말이야?"

주호는 말도 안 된다는 듯이 물었어.

"잘 생각해 봐. 피타고라스의 주장을 두 문장으로 나누어 생각해 보면, 첫 번째 문장은 '세상에는 사물이 존재한다' 는 것이고, 두 번째 문장은 '세상에 존재하는 사물은 변화한다' 는 것이겠지? 사물이 존재한다는 것은 그것들이 일정한 크기를 갖는다는 것이고, 세상에 존재하는 사물이 변화한다는 것은 그 크기가 나누어질 수 있다는 말이야."

– 《제논이 들려주는 논리 이야기》 중에서

① 주호의 답:

----

② 제논의 답:

----

③ 제논의 답에 대한 논리적 근거:

두 아들이 있는 할머니가 살았다. 첫 번째 아들은 얼음 장사를 하고, 두 번째 아들은 우산 장사를 했다. 두 아들은 번듯하게 장사를 하면서 살고 있었지만 할머니는 늘 아들들을 걱정하며 한숨을 쉬었다.

구름 한 점 없이 맑은 날에는 "후유, 오늘은 햇볕이 쨍쨍 내리쬐는구나. 둘째 아들을 생각하면 내 속도 시커멓게 타들어 간다고" 라고 걱정을 했다.

그리고 비가 오는 날에는 "후유, 오늘은 장대비가 내리는구나. 첫째 아들을 생각하니 눈물이 비 오듯 쏟아지는구나" 하며 걱정을 했다.

그러던 어느 날 이웃집에 사는 제논이 할머니의 걱정을 해결해 드리겠다고 찾아왔다.

– 《제논이 들려주는 논리 이야기》 중에서

① 할머니의 걱정이 무엇인지 찾아서 적어 보시오.

---

② 제논은 할머니의 걱정을 어떻게 해결해 드렸을까? 할머니가 걱정을 하
지 않으려면 어떻게 해야 좋을지 생각해 보시오.

처음 너를 만났을 때, 우리는 그저 네가 우리를 도와줄 수 있을 것이라는 생각에 너를 쫓아다녔어. 너와 함께 그리스 곳곳을 여행하며 그렇게 소중한 추억을 남기게 될 줄은 상상도 못했지. 너와의 그리스 여행을 통해 배웠던 조리 있게 생각하는 힘, 즉 논리는 평생 주호와 나에게 아주 좋은 해답지가 되어 줄 것 같아. 어떤 문제든 척척 풀어 주는 해답지 말이야.

주호와 나는 제논 너와 헤어진 후에도 너를 통해 논리를 배울 수 있었어. 무슨 소리냐고? 논리에 대한 너의 책을 발견했거든. 그 책을 통해서 귀류법에 대해서도 알게 되었어. 너의 주특기인 '거꾸로 생각하기'가 바로 귀류법이라는 것을 말이야. 비록 예전처럼 올리브 나무 그늘 밑에서 셋이 도란도란 이야기를 나눌 수는 없지만 이렇게 나와 주호는 여전히 너를 통해 논리를 배우고 있단다.

그리고 또 놀라운 사실을 발견했어. 그리스의 유명한 철학자들이 바로 제논 너의 영향을 받아 철학 사상을 펼쳤다는 사실이야. 소크라테스, 플라톤, 아리스토텔레스……. 덕분에 너와 함께했던 시간들이 더욱 자랑스럽고 뿌듯하게 느껴졌어.

— 《제논이 들려주는 논리 이야기》 중에서

① 제논과의 그리스 여행을 통해 배운 '논리' 라는 것이 무엇인지 서술하
  시오.

----

② 제논의 주특기인 '거꾸로 생각하기'를 논리 용어로 무엇이라고 하는
지 쓰고, 그것에 대해서 설명하시오.

주 요 개 념 및 배 경 지 식

1 크세노파네스

엘레아학파의 한 사람인 크세노파네스는 신은 인간처럼 생긴 것이 아니라 전지전능하고, 오직 하나이며, 이 세상 만물이 모두 신이라고 주장했다. 그는 '만일 소, 말, 사자가 손을 가지고 있어서 그 손으로 그림을 그릴 수 있고, 사람들처럼 예술 작품을 만들 수 있다면, 말은 신의 형상을 말처럼, 소는 소처럼 그릴 것이며, 이와 같이 신들의 몸을 자기 족속과 꼭 빼닮게 만들 것이다'라고 말하면서, 인격화되고 의인화된 그리스 신화의 다양한 신들의 존재를 비판했다.

2 논증

논증이란 사실이나 원칙에 대해 그 진실 여부를 입증하는 것으로 논리학에서 결론을 지지하는 이유를 밝히는 절차를 말한다.

3 귀류법

어떤 명제가 '참'임을 증명하려 할 때 그 명제의 결론을 부정함으로써 가정(假定)이 모순됨을 보여 간접적으로 그 결론이 성립한다는 것을 증명하는 방법이다. 귀류법은 주로 수학이나 자연과학에서 잘 사용하는 논증법의 하나이며, 이런 종류의 논증을 간접 증명이라고 한다.

아비투어 철학 논술

예시 답안

① 제논은 고대 그리스 키프로스 섬 키티온에서 태어났다.

② 제논은 스토아학파를 만들었다.

③ 제논이 만든 스토아학파라는 이름은 제논이 스토아 포이킬레에서 강의를 한 데서 유래한다.

④ 제논이 만든 스토아학파는 이성을 존중하였고, 이성에 따라 생활할 것을 강조했다.

⑤ 제논이 만든 스토아학파는 이성을 가지고 있는 한 모든 인간은 평등하다는 주장을 했으며, 이것은 근대 자연법 사상의 원천이 되었고, 로마의 만민법에도 큰 영향을 주었다.

⑥ 제논은 파르메니데스의 제자였다.

⑦ 제논은 역설의 방법으로 파르메니데스의 이론을 반박하는 사람들의 주장에 모순이 있다는 점을 밝혔다.

주 제 탐 구　**01**강　이오니아학파와 엘레아학파

case 1　① 제논은 엘레아 사람들의 주장에 동의할 것이다. 그 이유는 제논이 '변화란 진정으로 존재하는 것이 아니고 우리의 착각에 불과한 것'이라는 파르메니데스의 주장에 동의한다는 것에서 찾아볼 수 있다. 다시 말해, 변화에 의해 다양하게 보이는 것들은 실제로 있는 것이 아니라 환상이며, 진짜로 존재하는 것들은 영원히 변하지 않는 단 하나라는 것이며, 이것은 곧 세상에 변화가 없다고 말하는 엘레아 사람들의 주장과 같다고 볼 수 있기 때문이다.

② 만물의 근원은 물이라고 말한 철학자는 탈레스(Thales)이고, 만물은 끊임없이 변화한다고 말한 철학자는 헤라클레이토스(Herakleitos)이다.

그 외 고대 그리스 자연 철학자들과 그들의 주장을 보충하면 다음과 같다.

소크라테스 이전의 철학자들은 존재하는 것의 원인이나 근원을 탐구하였다. 그래서 앞에서 살펴본 탈레스나 헤라클레이토스 이외에도 아낙시메네스(Anaximenes)는 공기를, 헤라클레이토스는 불을, 엠페도클레스(Empedokles)는 불, 물, 흙 그리고 공기를, 피타고라스(Pythagoras)는 수(數)를 만물의 근원이라고 생각했다.

주 제 탐 구 **02**강 제논의 거꾸로 생각하기

case 1 ① "그렇다면 아이를 반으로 잘라 서로 반씩 나누어 갖도록 하여라."

② 만약 아이가 말을 할 만큼 컸다면 아이의 진짜 어머니를 금방 찾을 수 있었을 것이지만 아이는 태어난 지 얼마 되지 않았기 때문에 아이의 진짜 어머니를 찾는다는 것은 어려운 일이었다. 그래서 '제논의 거꾸로 생각하기'를 사용해 진짜 어머니를 찾기보다는 가짜 어머니를 찾으려고 했다. 가짜 어머니를 찾는다면 자연스럽게

진짜 어머니를 찾게 되기 때문이다. 그래서 공평하게 아이를 반으로 잘라서 나누어 가지라는 끔찍한 판결을 내리고, 두 여인의 반응을 살폈다. 만약 아이의 진짜 어머니라면 사랑하는 자신의 아이가 반으로 잘리는 것을 원하지 않을 것이라는 생각을 했기 때문이다.

이와 비슷한 내용이 《제논이 들려주는 논리 이야기》에 나와 있다. 거기에서는 식물인간으로 누워 있는 돈 많은 남편을 가운데 두고 서로 자기가 아내라고 우기는 두 여인을 보고, 제논은 진짜 아내를 찾는 대신 가짜 아내 찾기를 시도한다. 거꾸로 생각하기를 한 것이다. 우리의 생활 속에서도 어떤 문제가 생겼을 때 잘 풀리지 않는다면 거꾸로 생각하기를 통해 문제를 해결해 볼 수 있다. 의외로 문제가 쉽게 풀릴 수도 있을 것이다.

case 2 　①주호는 '날아가는 화살은 움직인다'고 대답했다. 실제로 우리의 눈에 날아가는 화살은 움직이고 있기 때문이다.

②제논은 주호와 반대로 '날아가는 화살은 움직이지 않는다'고 대답했다.

③그렇게 대답한 논리적 근거에 대해 살펴보겠다. 먼저 존재하는 모든 것은 크기를 가지고 변화한다고 했으므로 화살과 과녁 사이의 거리를 계속 쪼갠다면 무수하게 쪼개진 공간이 생길 것이다. 그리고 그 공간을 따로따로 생각한다면 날아가는 화살은 결국 그 쪼개진 공간마다 멈추어 있는 것이 된다. 그러므로 날아가는 화살은 움직이지 않는 것이다.

제논의 이러한 논리는 말이 되지 않는 것처럼 보이기도 한다. 왜냐하면 실제로 날아가는 화살은 움직이고 있기 때문이다. 제논이 살았던 시대의 어떤 사람은 날아가는 화살은 움직이지 않는다는 것에 대해 알아보고자 자신에게 직접 화살을 쏘아 보라고 했다고 한다. 그 사람은 과연 어떻게 되었을까? 결국 죽고 말았다고 한다. 여러분이라면 날아가는 화살은 움직이지 않는다는 제논의 논리에 어떻게 반박할 수 있을지 생각해 봅시다.

 ① 할머니에게는 얼음 장사와 우산 장사를 하는 두 아들이 있었는데 햇볕이 내리쬐는 날에는 우산을 파는 아들의 장사가 안 될까 봐 걱정을 하고, 비 오는 날에는 얼음을 파는 아들의 장사가 안 될까 봐 걱정을 했다.

② 제논은 '생각 다르게 하기'를 통해 할머니의 걱정을 해결해 드렸다. 다시 말해 햇볕이 내리쬐는 날에는 우산을 파는 아들의 장사가 안 될까 봐 걱정하는 대신 얼음을 파는 아들의 장사가 잘될 것을 기뻐하고, 비 오는 날에는 얼음을 파는 아들의 장사가 안 될까 봐 걱정하는 대신 우산을 파는 아들의 장사가 잘될 것을 기뻐하면 되는 것이다.

어떤 경우라도 좋은 면과 나쁜 면을 동시에 가지고 있다. 우리가 생각을 조금만 다르게 해 본다면 볼 수 없었던 다른 면이 보일지 모른다. 어떤 경우 또는 어떤 사물을 보았을 때 전에는 보지 못했던 다른 면을 보게 된다면 그것은 우리의 생각이 그만큼 확대되었다는 것을 의미한다. 우리의 생각을 확대시키기 위해서는 있는 그대로, 보이는 그대로, 생각나는 그대로만 받아들이면 안 된다. 제논의 '생각 다르게 하기'와 같은 적극적인 노력을 해야 할 것이다.

 ① 논리란 말이나 글을 짜임새 있게 할 수 있도록 하는 생각이나 추리의 원리 또는 법칙이다. 우리가 어떤 사람을 논리적인 사람이라고 말하는 것은

그 사람의 말이 조리 있고, 말의 앞뒤가 맞기 때문이다. 논리적인 사람은 상대방을 잘 설득시킬 수 있지만, 설득력이 있는 사람이라고 해서 모두 논리적인 사람이라고 볼 수는 없다. 논리적이지는 않지만 단지 말솜씨가 좋아서(말재주가 있어서) 설득을 잘 시킬 수도 있기 때문이다.

② '거꾸로 생각하기'를 논리 용어로 말하면 귀류법이다. 귀류법이란 자신의 주장이 옳다는 것을 밝히기 위해서 그 주장과 반대되는 주장이 거짓이라는 것을 밝히는 방법이다.

귀류법은 간접 증명법인데, 이 방법은 직접 증명법을 사용하지 못할 때 종종 사용된다. 말하자면, 어떤 주장이 옳다는 것을 증명하고 싶은데 그것이 어려울 경우 일단 그 주장이 거짓이라고 가정하는 것이다. 그리고 그 가정했던 거짓이 틀렸다는 것을 밝혀냄으로써 그 주장이 옳다는 것을 증명하는 것이다. 주로 이런 간접 증명법은 수학에서 쓰인다.

Abitur

철학자가 들려주는 철학이야기 **028**

아우구스티누스가 들려주는 신의 사랑 이야기

저자_심형규
강원대학교 철학과를 졸업하고 독일 트리어대학교에서 철학과 박사 과정을
수료했다. 현재 강원대학교와 방송통신대학교에서 강의하고 있다.

아우구스티누스

Aurelius Augustinus

아우구스티누스는 누구일까? 다음 글을 읽고 아우구스티누스는
어떤 사람이었는지 요약하시오.

아우구스티누스(354~430)는 누미디아의 타가스테(오늘날의 아프리카 알
제리)에서 이교도인 아버지와 크리스트교인 어머니 사이에서 태어났다. 그
의 어린 시절과 청년 시절은 방황과 혼란의 나날이었다. 학교에서는 그리스
어 배우기를 싫어해서 수업 시간을 빼먹기 일쑤였고, 친구들과 어울려 남의
과수원에 들어가 과일을 훔치기도 했다. 또한 나쁜 친구들과 밤거리를 쏘다
니면서 여자들과 함께 방탕한 생활을 하기도 했다. (당시 사람들은 남자가 방
탕한 생활을 하는 것을 그다지 나쁜 일로 여기지 않았다.)

젊은 시절, 아우구스티누스는 키케로(로마의 웅변가이자 철학자)의 《호르
텐시우스》라는 작품을 읽고 '지혜를 사랑하고 추구하라'는 내용에 크게 감
명 받아 철학 연구와 진리 탐구의 길로 들어섰다. 처음에 그는 마니교(선과
악의 원리를 믿는 종교)의 교리에서 진리를 찾을 거라고 생각했지만, 이 공동
체에서 정신적인 혼란을 경험한다. 이러한 아우구스티누스의 정신적인 방
황은 그가 개종한 그리스도교 안에서 진리를 발견하게 됨으로써 끝을 맺는
다. 크리스트교로의 개종은, 387년 밀라노의 주교 암브로시우스의 설교에

크게 영향을 받은 것이었다. 아우구스티누스는 그로부터 430년 반달족에 의해 도시가 포위되어 암브로시우스가 사망할 때까지 이탈리아와 그의 고향인 북아프리카에서 크리스트교에 대한 연구와 명상 생활을 한다.

아우구스티누스의 주된 저서로는 《고백록》,《의지의 자유에 대하여》,《삼위일체설에 관하여》,《신국론》 등이 있으며, 그중에서 《신국론》은 가장 중요한 그의 대표적인 저서라고 할 수 있다. 그는 이 책에서 로마가 몰락하게 된 원인을 당시 사람들의 도덕 불감증 때문이라고 밝히고 있다. 이러한 그의 주장은 당시 사람들의 생각을 크게 뒤집어 놓았다. 당시 로마 사람들은 로마 몰락의 원인을, 그들이 그동안 모셔온 옛 신들을 외면하고 크리스트교라는 새로운 종교를 받아들인 데 있다고 보았기 때문이다.

주 요 개 념 및 배 경 지 식

1 크리스트교(기독교)

　오늘날 세계 3대 종교의 하나이다. 크리스트교는 하나님을 천지 만물을 창조한 유일신으로 받드는 종교로서, 그리스도를 이 세상의 구세주로 믿으며, 그의 사랑과 가르침을 따르는 것을 삶의 목적으로 삼는 종교이다. 크리스트교, 야소교, 예수교 등으로 말하기도 한다.

2 마니교

　3세기 무렵에 고대 페르시아의 조로아스터교를 바탕으로 하여 파생된 종교이다. 교조 마니의 이름을 따서 마니교라고 불렀다. 마니교는 오랫동안 크리스트교의 이단으로 생각되어 왔다. 그렇지만 마니교는 일관된 교리, 엄격한 제도와 조직을 가지고 통일성과 독특한 성격을 유지하면서 그 자체가 하나의 종교가 되었다.

3 반달족

　반달족은 게르만족의 한 족속이다. 429~534년 북아프리카에 왕국을 세우고 활동했으며, 455년에는 로마를 약탈하였다. 신성 모독이나 약탈을 뜻하는 반달리즘(Vandalism)은 그들의 이름에서 나왔다. 5세기 초, 훈족을 피해 서쪽으로 달아나던 도중 갈리아의 일부를 침입해 그곳을 황폐하게 만들었으며, 409년 스페인에 정착하였다. 반달족은 아리우스파 크리스트교를 열성적으로 믿었으며 한동안 아프리카의 가톨릭교회를 심하게 박해했다. 533년 로마가 다시 북아프리카 지역을 지배하고 가톨릭교회를 부활시키자, 반달족은 역사에서 사라지게 되었다.

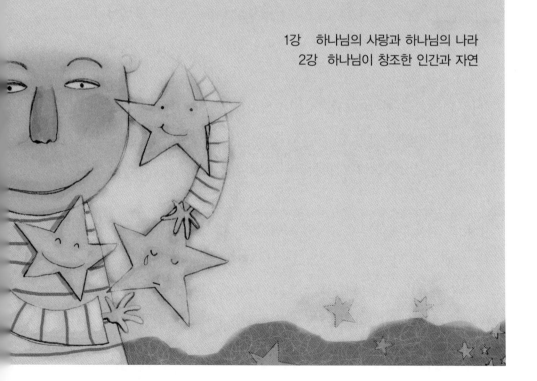

01강 하나님의 사랑과 하나님의 나라

case 1 아우구스티누스는 신이 존재한다고 생각했을까? 그렇다면 그 이유는 무엇인지 다음 글을 읽고 설명하시오.

엄마는 아직 오지 않았습니다. (……) 너무 가까이 있어서 당연하다고 생각했던 엄마의 빈자리가 너무 커 보입니다. 잠이 확 달아납니다. 다시 아우구스티누스를 읽습니다.

"신은 완전한 존재이며 모든 것을 초월해 있습니다. 어떤 것과도 비교할 수 없는 절대자이며 사랑, 그 자체입니다. 신이 사랑 그 자체인 까닭은 신이 모든 것을 창조했으며 창조물들의 잘못을 용서해 주시는 분이기 때문입니다."

사랑, 그 자체? 재희는 요즘처럼 사랑이라는 말이 쉽기도 하고 어렵기도 한 적이 없었습니다. 알다가도 모르는 게 사랑입니다. 아우구스티누스가 말한 사랑은 재희가 느끼는 사랑과는 다른 걸까요? 세상에는 한 가지 사랑만 있는 게 아닌가 봅니다. 아, 초인종 소리가 들립니다. 엄마가 왔나 봅니다.

— 《아우구스티누스가 들려주는 신의 사랑 이야기》 중에서

"아우구스티누스는 신의 사랑 안에서만 우리가 행복할 수 있다고 보았어. 그리고 이 세상의 모든 것은 신의 뜻이라고 생각했지."

"모든 게 신의 뜻? 하지만 내 뜻으로 하는 것도 있는데 그것도 신의 뜻이라는 거야?"

재희는 고개를 갸웃합니다. 뭐가 뭔지 모르겠습니다.

"아우구스티누스가 그렇게 생각했다는 거지. 재희도 아우구스티누스처럼 신을 믿을지 안 믿을지는 차차 생각해 봐. 종교는 강요로 되는 건 아니니까."

"엄마는 신을 믿어?"

"음…… 요즘 들어 가끔 그런 생각이 들어. 우리 인간이 하는 일이 모두 옳은 것도 아니고 내 뜻대로 한다고 해서 과연 그게 정말 내 뜻인지. 재희는 그런 적 없어?"

"생각한 거랑 반대로 한 적은 있어."

– 《아우구스티누스가 들려주는 신의 사랑 이야기》 중에서

아우구스티누스가 말한 신의 사랑은 절대 누군가를 버리지 않는 사랑일까? 그렇다면 신은 왜 인간을 창조하고 고통 속에 밀어 넣는 것일까? 신이 인간을 정말 사랑한다면 모두 행복하게 살아야 하는 게 아닐까?

–《아우구스티누스가 들려주는 신의 사랑 이야기》 중에서

아우구스티누스는 인간은 신의 창조물이라고 했습니다. 신은 자연을 창조했고, 아름다운 자연과 더불어 살 인간을 만들었습니다. 그러나 인간은 신의 뜻을 따르지 않았습니다. 인간은 그들의 선조인 아담과 이브가 지은 죄 때문에 죄를 가진 채 태어나는데, 이것을 '원죄' 라고 합니다. 신은 인간이 선함, 진실함과 더불어 영원히 사는 것을 원했지만, 인간은 욕심 때문에 신의 뜻을 어김으로써 처음 모습을 잃게 되었습니다. 그러고 나서 본래의 모습으로 되돌아가려고 했지만 혼자 힘으로는 이 병든 상태에서 벗어날 수 없었습니다. 이에 아우구스티누스는 신의 구원이 필요하다고 말했습니다.

– 《아우구스티누스가 들려주는 신의 사랑 이야기》 중에서

생각 쓰기

그는 세상이 비참하고 잔인한 것으로 끝나는 것이 아니라 언제나 신이 간
섭하여 정의롭고 편안한 세계를 만든다는 확신을 가지고 있었습니다. 그래
서 선한 정부와 선한 법은 아우구스티누스에게 있어서 신의 나라를 미리 보
여 주는 것이었죠.

그렇다고 해서 아우구스티누스가 신의 나라만을 기다리고 있었던 것은
아닙니다. 그는 지상의 세계가 좀 더 나은 세상이 되도록 노력하였습니다.
그는 노예제도를 매우 싫어해서 교회의 돈으로 악질적인 주인으로부터 고
통 받는 노예들을 해방시켜 주었습니다. 한번은 그의 신도들이 히포 항구에
정박해 있는 노예선에서 직접 노예를 풀어 준 적도 있었고, 가난한 부모들
이 자녀들을 내다 파는 것을 막기도 했습니다. 아우구스티누스는 평소 착하
던 어떤 소작농이 자기 아내를 내다 파는 바람에 그 문제를 해결하느라 어
려움을 겪은 적도 있었다고 합니다.

-《아우구스티누스가 들려주는 신의 사랑 이야기》 중에서

주 요 개 념 및 배 경 지 식

1 《신국론(De Civitate Dei)》

아우구스티누스의 대표적인 책이다. 410년, 기독교로 개종한 로마가 함락당하자 사람들은 신의 섭리에 대한 의심을, 즉 크리스트교 때문에 로마제국이 몰락하게 된 것이 아닌가? 하는 의문을 갖게 되었고, 이에 대한 논쟁이 일어났다. 아우구스티누스는 이러한 논쟁을 잠재우기 위하여 크리스트교를 옹호하는 입장에서 하나님 나라에 관한 책인 《신국론》을 쓰게 되었다.

2 예루살렘

예루살렘은 기원전 1800년부터 사람들이 거주한 오래된 도시이며, 유대교 · 크리스트교 · 이슬람교의 주요 성지이다. 예루살렘은 유대인들에게 가장 거룩한 기억의 보고(寶庫)이자 종교적인 경외심과 민족의식의 원천이며, 크리스트교도들에게는 구세주 예수 그리스도의 고통과 승리의 현장이었다. 또한 이슬람교도들에게는 마호메트의 신비한 야간 여행의 목적지이기도 했다. 이런 까닭에 오늘날 예루살렘 시는 이스라엘과 주변 아랍 국가들 사이에 분쟁 지역으로 남아 있다.

3 바빌론

바빌론은 고대의 가장 유명한 도시 중의 하나로, 한때 세계의 중심지로 번영을 누린 곳이다. 기원전 2000년대 초기부터 1000년대 초기까지 남부 메소포타미아(바빌로니아)의 수도였고, 기원전 7세기와 6세기의 전성기 때 신바빌로니아(칼데아) 제국의 수도이기도 하였다. 그러나 기원전 539년에 페르시아에 점령된 뒤 시민 반란으로 크게 파괴되었으며, 기원전 4세기에 제국의 수도가 되었다가 알렉산드로스 3세가 죽은 뒤 점차 쇠퇴하였다. 바그다드에서 남쪽으로 88km 떨어진 유프라테스 강변에 위치한 바빌론의 광대한 유적은 현재 이라크의 알히라 시(市) 근처에 있다.

02강 하나님이 창조한 인간과 자연

case 1 아우구스티누스는 자연(세계)을 어떻게 바라보았는지 다음의 글을 읽고서 설명하시오.

"(……) 아우구스티누스는 질서 정연한 세계를 신이 창조했다고 생각합니다. 그는 자연의 세계가 놀라운 질서에 따라서 진행되고 있음에 신비로움을 금할 수 없었습니다."

−《아우구스티누스가 들려주는 신의 사랑 이야기》 중에서

신이 이 세상을 창조했다고? 재희는 얼마 전 산소에 갔을 때를 떠올렸습니다. 아카시아 향기가 아직도 코끝에 느껴지는 것 같습니다. 시간이 공간 속에 녹아들어가 모두 하나가 되었던 것 같은 기분이었습니다. 아우구스티누스도 산에 올라가 자연의 신비와 조화를 경험했던 것일까요?

−《아우구스티누스가 들려주는 신의 사랑 이야기》 중에서

어디선가 바람이 붑니다. 부드럽고 커다란 신의 손길 같은 바람이 붑니

다. 재희는 고요한 밤하늘 아래 신의 사랑을 느낍니다.

– 《아우구스티누스가 들려주는 신의 사랑 이야기》 중에서

생각 쓰기

신은 자연을 창조하고 인간을 만들었습니다. 신이 인간을 만든 이유는 인간이 자연 속에서 자연과 더불어 자연의 아름다움을 느끼며 진실하고 선하게 살기를 바랐기 때문입니다. 그래서 신은 다른 어떤 존재보다 인간을 현명한 존재로 만들었습니다.

그러나 인간은 신의 뜻에 따르지 않고 자신의 욕심만 앞세운 나머지 영혼이 병들게 되었습니다. 교만과 오만에 빠져 스스로의 힘으로는 병든 상태에서 벗어날 수 없게 되었습니다. 아우구스티누스는 이런 인간을 위해 신의 구원이 필요하다고 했습니다.

본래의 모습으로 돌아가려는 인간은 자신이 지은 죄를 고백하고 신의 은혜를 입어야 처음의 순수한 상태로 돌아갈 수 있습니다. 신이 원하지 않았던 나쁜 삶에 대해 반성하고 다시는 그런 잘못을 저지르지 않겠다는 마음으로 신의 용서를 구할 때 신은 인간의 모든 죄를 용서해 줍니다. 신은 사랑이기 때문입니다. 이 '신의 사랑'을 '신의 은총' 이라고도 합니다.

– 《아우구스티누스가 들려주는 신의 사랑 이야기》 중에서

생각 쓰기

1 원죄

그리스도의 교리로서 모든 인간이 태어나면서부터 처하게 되는 죄의 상황이나 상태, 또는 기원을 가리키는 말이다. 전통적으로는 그 기원이 최초의 인간인 아담이 신의 의지를 어긴 죄에 있다고 보며, 아담 이후로 그의 죄책이 후손들에게 유전된다고 한다.

2 은총

크리스트교에서 하나님이 인간에게 내리는 은혜를 말한다. 이것은 인간을 거듭나게 하기 위하여 인간에게 작용하는 하나님의 영향력이다. 이 은혜는 죄인을 구원하는 하나님의 자발적이고 조건 없는 선물이다.

3 고백

가톨릭에서 고백이란 마음속에 숨기고 있던 자신의 죄를 솔직히 털어놓는 것을 말한다. 그 대표적인 것이 신앙고백이다.

아비투어 철학 논술

예시 답안

① 아우구스티누스는 누미디아의 타가스테(오늘날의 아프리카 알제리)에서 태어났다.

② 아우구스티누스는 젊은 시절 키케로(로마의 철학자)의 작품을 읽고 많은 감명을 받았다. 그래서 그는 철학 연구와 진리 탐구의 길로 들어섰다.

③ 아우구스티누스는 387년 밀라노의 주교 암브로시우스의 설교에 크게 영향을 받고 크리스트교로 개종한다.

④ 아우구스티누스가 쓴 주요 저서로는《고백록》,《의지의 자유에 대하여》,《삼위일체설에 관하여》,《신국론》등이 있다.

⑤ 아우구스티누스는 크리스트교로 개종하면서 어린 시절부터 계속되던 정신적인 방황으로부터 벗어난다.

주 제 탐 구   **01** 강   하나님의 사랑과 하나님의 나라

case 1   아우구스티누스는 신은 시간과 역사 안에서 활동하며 동시에 시간과 역사를 초월한다고 하였다. 이 말은 인간은 살아가면서 신이 원하는 역사를 만들어 가고 있다는 뜻이다. 이것은 신이 항상 우리와 함께하며, 우리는 언제나 신과 함께 있다는 것을 의미한다. 또한 인간을 포함한 모든 만물은 신이 주신 생명으로 이 땅에 태어나서 살아간다는 뜻이다. 즉 이 세상의 모든 만물은 신의 뜻과 사랑으로 움직

인다는 것이다. 그러므로 우리가 신을 믿고 따른다면 어디에서도 신의 존재를 느낄 수 있음을 뜻한다.

case 2 신이 최초로 인간을 창조했을 때, 인간은 깨끗하고 선한 존재였다. 그러나 아담과 이브가 신의 뜻을 어긴 후, 모든 인간은 '원죄'를 가진 채 태어나게 되었다고 아우구스티누스는 말한다. 인간은 나 자신만을 생각하는 이기심과 지나친 탐욕 때문에 스스로 비참한 존재가 되고 그로 인해 고통을 얻게 된다. 그러나 아우구스티누스는 신 자체가 무한한 사랑이라고 하였다. 즉, 인간은 자신의 욕심과 부주의로 끊임없이 잘못을 저지르지만, 신은 모든 죄악의 근원인 인간들에게 변함없이 구원의 길을 열어 두고 있다는 말이다. 따라서 아우구스티누스는 인간이면 누구나 자신의 죄에 대해 반성한 뒤 신에게 용서를 구할 수 있으며, 이로써 최초 신의 창조 목적에 들어맞는 존재로 거듭날 수 있다고 믿었던 것이다.

case 3 아우구스티누스는 지상의 나라와 하늘나라는 분명히 다르다고 말했다. 하나님의 나라는 정의와 평화를 추구하는 거룩한 예루살렘과 같은 반면에 지상의 나라는 권력과 부, 명예와 안락함을 좇기 때문에 세속적인 바빌론의 모습이라는 것이다. 따라서 신이 내리는 은총 없이는 지상의 나라에 참된 평화란 있을 수 없다고 보았다.

그러나 지상에는 교회가 있고, 교회는 이 세상을 정의롭고 편안하게 만들려고 노력한다는 점에서 하늘나라와 같은 가치를 추구하고 있다. 물론 지상의 나라와 하늘나라는 정의와 평화라는 같은 가치를 추구하지만 그 실천 방법에 있어서는 차이를 보인다. 죄악으로 뒤덮인 지상의 나라는 기도와 참회를 통해 하늘나라를 본받아 세상을 평화롭게 만들고자 하는 반면, 하늘나라는 본래 정의롭고 편안한 세상이므로 그 자체를 유지하는 것만으로도 충분하기 때문이다.

주 제 탐 구 **02**강 하나님이 창조한 인간과 자연

case 1 아우구스티누스는 기독교인으로서 신이 자연(세계)을 질서정연하게 만들었다고 생각한다. 어릴 적 그는 산의 신비를 경험한다. 자연 한가운데서 모든 것이 질서에 따라 움직이는 자연의 신비를 몸소 느꼈던 것이다.

시간의 흐름 속에서 봄·여름·가을·겨울의 사계절이 질서 있게 흘러가고, 아침에 떠서 저녁에 지는 하루의 해를 보면서 아우구스티누스는 비로소 신이 창조한 자연의 질서를 깨닫게 되었다.

case 2 아우구스티누스는 인간을 하나님의 창조물이라고 했다. 하나님은 자연을 만들고 인간을 창조하여 아름다운 자연과 더불어 살도록 하였다. 그러나 인간의 조상인 아담과 이브는 하나님의 뜻을 어겼고, 이것 때문에 모든 인간은 날 때부터 죄를 가지고 태어난다고 생각했다. 우리가 살아가면서 남을 헐뜯거나 지나친 욕심을 부리는 것 역시 그 원죄 때문이라는 것이다.

인간은 자연의 거대한 질서에 비해 매우 미세하고 가엾은 존재인데, 거기다 교만과

오만에 빠져 있다. 아우구스티누스는 이러한 인간이 병든 상태에서 벗어나려면 자신이 지은 죄를 신에게 고백하여 은총을 입어야만 한다고 말한다. 신이 원하지 않는 삶을 살았던 인간은 자신의 잘못을 깊이 반성하고 신에게 다시는 그러한 삶을 살지 않겠다고 진실한 마음으로 용서를 구할 때, 비로소 신은 인간의 죄를 용서하고 그에게 본래의 모습을 되찾게 해 준다는 것이다. 이것이 '하나님의 구원'이다.

주희가 들려주는 성리학 이야기

저자_이정배

강원대학교 물리학과를 졸업하고 감리교신학대학교 대학원에서 석사 학위를
받았다. 현재 강원대학교 국어국문학과 박사 과정 중에 있고, 춘천 YMCA,
YWCA 독서 지도사 자격 과정 전임 강사로 활동하고 있으며, 2004년과 2005년
에 강원청소년영화제 심사위원장과 2005년 FISH EYE 국제영화제 심사위원장
을 역임했다.

주희

朱熹

다음 글을 읽고 주희가 어떤 사람이었는지, 특히 그의 삶의 과정과 학문적 업적을 중심으로 요약하시오.

주희(1130~1200)는 중국 남송 때의 유학자이며 사상가입니다. 11살 때 아버지를 여의고, 가족과 함께 세 사람의 스승 밑에서 생활하며 공부합니다. 19살 때 과거 시험에 합격했는데 그다지 좋은 성적은 아니었습니다. 아마 과거 시험 공부에 큰 뜻을 두지 않았나 봅니다. 20세가 지나 과거 공부에서 해방되자 많은 책을 읽습니다. 24세 때 최초의 관직인 동안현 주부로 부임하던 중 학문적 스승인 이동(李侗)을 만나게 됩니다. 28세 때 관직의 임기가 만료된 후 50세 남강군 지사로 임명될 때까지 줄곧 학문과 저술 활동에 몰두합니다. 관직 생활은 겨우 9년, 조정에서 근무한 것은 고작 40일에 불과했습니다. 71세로 생을 마감할 때까지 관직 생활은 10년도 채 되지 않았고, 오로지 학문 연구와 서적 편찬, 그리고 교육 활동에 전념했습니다.

친구로는 장식(남헌), 여조겸(동래) 등이 있었고, 제자의 수는 800~900명, 한 번이라도 그에게 가서 공부한 사람을 모두 합치면 그 수가 약 2,000~3,000명에 달한다고 합니다. 주희의 교육 방법은 강의하는 시간은 적고 실천하는 시간이 많은 게 특징이었습니다. 주희 자신은 그저 길 안내자이자, 같이 참가하는 사람에 불과하다며, 의문점이 있으면 그 문제를 함께 생각해 본다고만 하였습니다.

주희는 이렇게 독서와 사색, 강론 및 토론과 논쟁을 통하여 학문을 완성해 갔습니다. 결과적으로 이전 선배들의 유학을 이어받아 거기에 자신의 독창적인 사상을 첨가하여 이전과 다른 새로운 유학을 탄생시켰는데, 이를 '신유학(新儒學)'이라고 부릅니다. 유학은 중국의 공자를 시조(始祖)로 하는 전통적인 학문으로, 실천을 그 중심 과제로 합니다.

그가 남긴 대부분의 책들은 중국이나 조선의 공부하는 선비들의 교과서가 되었습니다. 조선 후기에는 주자학을 비방하거나 잘못 전해도 '사문난적'이라 하여 큰 고초나 박해를 당했습니다. 이처럼 우리의 전통적 사회제도나 관습이 주자의 사상을 기반으로 이루어졌기 때문에, 오늘날까지 우리에게 그 영향을 미치고 있습니다.

1 과거

관리 등용 제도로서 587년 중국의 수(隋) 문제(文帝)가 처음 실시했고, 그 뒤 수양제(煬帝)가 진사과(進士科)를 처음 설치하면서 제도화되었다. 과거제도는 명대(明代)에 와서 더욱 정비되었다. 우리나라에서는 신라 788년 원성왕 때 독서삼품과가 실시되었지만, 958년(고려 광종 9)에 중국 후주(後周)의 귀화인(국적을 다른 나라로 옮겨서 그 나라의 국민이 된 사람) 쌍기(雙冀)의 건의에 의해서 본격적으로 시행되었다.

2 신유학

중국 송대(宋代)에 일어난 학술·사상을 말하는 것이다. 신유학(新儒學) 또는 도학(道學)이라고도 한다. 11세기 북송(北宋)의 대표적인 학자 주돈이(周敦頤)·정호(程顥)·정이(程頤)·장재(張載), 12세기 남송(南宋)의 주희(朱熹) 등의 성(姓)을 따서 주정장주학(周程張朱學), 또는 그 출생지의 이름을 따서 염락관민학(濂洛關閩學)이라고도 하지만 주희의 주자학(朱子學)을 대표로 삼는다.

3 사문난적

유교의 도리를 어지럽히는 사람을 비난하여 일컫는 말이다. 조선 후기 당시의 집권층인 노론(老論)이 정적인 남인(南人)·소론(少論)을 정치적으로 탄압하는 명분으로 쓴 개념이다. 조선 후기의 정국을 주도하게 된 노론은 주자 성리학을 인식의 기반으로 삼고 있었는데, 이들과 정치적으로 대립하고 있던 남인이나 소론의 경우 주자와 다른 견해를 갖거나 양명학(陽明學)·노장학(老莊學) 등 유교와는 다른 사상을 받아들이고 있었다. 이때 노론은 남인·소론을 사문난적(유교 반대자를 비난하는 말)으로 몰아 탄압했다. 숙종 때 송시열(宋時烈)과 대립했던 윤휴(尹鑴)와 박세당(朴世堂)이 각각 《중용주해(中庸註解)》《사변록(思辨錄)》 등을 지어 주자와는 다른 독자적인 경전 해석을 내놓았는데, 송시열이 이들을 사문난적이라고 격렬히 비난했던 것이 그 대표적인 예이다. 이와 같이 조선의 사상계는 주자학 이외의 다른 학문을 배척함으로써 근대적 사상의 싹을 억누르고 있었다.

주 제 탐 구

01강 하늘의 뜻

case 1 다음 제시문을 읽고 하늘의 뜻(천리)에 따른다는 것은 무엇인지 써 보세요.

"형, 또 천리에 대해 생각하고 있지?"

"응, 그래……."

"형은 어딜 가든 그 생각뿐이구나. 그래서 답을 알아냈어?"

"내가 생각해 봤는데 말이야. 식물에서 싹이 트는 일이 천리라 그랬잖아. 그리고 사람이 천리를 따르면 건강하고 행복해진다고도 했고. 생각해 보면 웰빙이니 유기농이니 하는 것도 건강하게 살자는 거잖아. 그러니까 그런 것도 천리와 관계가 있는 것 같아."

"그래서?"

"식물에서 싹이 트는 일은 틀림없이 자연이 하는 일이잖아. 자연을 따르면 사람은 건강해지는 거고. 피곤할 때 쉬고, 배고플 때 먹고, 더우면 옷을 얇게 입고, 추우면 옷을 두껍게 입는 게 다 자연스러운 일 아니냐? 너도 초등학교 때 배웠지? 계절에 따라 사람의 생활이나 모습이 바뀐다고. 그것도 모두 자연을 따르는 일이잖아. 그러니 천리란 바로 자연이야. 생각해 보니까 아저씨가 왜 이런 산골에 사는지 알겠어. 천리를 따르기 위해서 그런 것 같아."

민수 형은 무언가를 깨달은 사람처럼 기쁜 표정을 지어 보였다. 해답을 얻어서 속이 후련한 것 같았다.

"도시에서 사는 일은 자연스러운 일이 아닌 것 같아. 라면이니 피자니 하는 것도 모두 자연스러운 음식이 아니라 맛을 내기 위해 사람들이 조미료나 색소를 넣어서 만든 음식이잖아. 그러니 그런 맛을 좋아하는 건 천리가 아니라고. 있는 그대로의 자연을 따르는 것, 마치 아주머니가 해 주는 음식을 먹는 것처럼 자연스러운 생활을 하는 것이 천리를 따르는 길인 것 같아."

아무도 가르쳐 주지 않은 천리를 자기 혼자 깨달은 민수 형이 대단해 보였다. 그래서 나는 형의 얼굴을 유심히 바라보았다.

－《주희가 들려주는 성리학 이야기》 중에서

주 요 개 념 및 배 경 지 식

1 웰빙

육체와 정신의 조화를 통해 행복하고 안락한 삶을 지향하는 삶의 유형 또는 문화 현상을 지칭하는 말이다. 사전적 의미로는 '복지, 안녕, 행복'을 뜻하며, 우리말로는 '참살이'라고 번역되기도 한다. 물질적인 풍요에 치우치는 첨단화된 산업사회에서 육체와 정신의 건강하고 조화로운 결합을 추구하는 삶의 방식이나 문화 현상이다. 웰빙은 다양한 개념을 포괄하기 때문에 다양한 의미로 정의할 수 있지만, 결국 물질적 가치나 명예보다는 건강한 심신을 유지하는 삶을 행복의 척도로 삼는다.

우리나라에서는 2003년 후반부터 이른바 웰빙 붐이 일어나기 시작하였는데, 이러한 삶을 추구하는 사람들을 '웰빙족'이라고 부른다. 이들은 구체적인 생활면에서 육류 대신 생선과 유기 농산물을 선호하고, 단전호흡, 요가 등의 명상 요법과 여행, 등산, 독서 등의 취미 생활을 통하여 심신의 건강을 추구하는 것이 특징이다.

2 인스턴트식품

단시간에 손쉽게 조리할 수 있고, 저장이나 보존도 간단하며, 수송·휴대가 편리한 식품을 말한다. 열탕, 물, 우유 등을 첨가해서 만드는 인스턴트 커피나 분말주스, 잠깐 동안 가열하는 즉석 면과 인스턴트 수프 등을 지칭한다. 그러나 버터, 치즈, 소시지, 포 등은 본래 조리를 하지 않고 먹을 수 있으므로 이 정의에서 제외된다.

일반적으로 인스턴트식품은 즉석에서 먹을 수 있다는 좋은 점도 있지만, 자칫하면 고유의 맛을 잃을 수 있는 결점을 갖고 있다.

3 패스트푸드

햄버거, 도넛, 닭튀김 등과 같이 가게에서 간단한 조리를 거쳐 제공되는 음식을 말한다. 주문하면 곧 먹을 수 있다는 뜻에서 나온 말이다. 용기는 종이로 되어 있어 한 번 쓰고 버릴 수 있고, 조리 방법도 오븐에서 데우는 정도로 간단하므로 소수의 인원으로 손님의 주문에 신속하게 응할 수 있다. 미국에서는 1960년대부터 보급되기 시작하였고, 한국에는 1970년대 들어와 간편하다는 장점 때문에 보편화된 먹거리가 되었다.

항상 불만이 많았던 형이 아저씨께 다소 퉁명스럽게 질문했다.

"왜 형제끼리만 잘 지내야 해요? 다른 사람하고도 잘 지내면 안 돼요?"

"다른 사람이란 누구를 말하느냐?"

"그야, 친구도 있고 이웃 사람들도 있고 주변 사람들도 있지요?"

형이 자신 있게 말하자 아저씨가 대답했다.

"그래. 네 말대로 우리 주변에는 많은 사람들이 있지. 그 사람들하고 잘 지내는 것도 중요하다. 그러나 형제가 서로 사랑하고 공경하는 것은 천리 (天理), 곧 하늘이 정한 이치다. 우리가 사람이라면 어찌 천리를 어길 수 있 겠느냐? 형제끼리 잘 지내는 것이 먼저이고 남과 잘 지내는 것은 그 다음 일 이다."

아마 나 같으면 여기서 '네, 알겠습니다' 하고 물러섰을 것이다. 하지만 민수 형은 또다시 따지듯이 말했다.

"요즘 사람들은 자기 가족끼리만 잘 먹고 잘살려 하고, 남이야 어떻게 되 든 상관하지 않는 경우가 많아요. 형제끼리만 서로 잘해 주는 것이 하늘이 정한 이치라면 저는 그런 이치를 따를 필요가 없다고 생각하는데요."

아저씨의 목소리가 점점 커져 갔다.

"네가 얼마나 안다고 함부로 천리를 들먹이느냐? 요즘 어떤 가족들은 부모의 유산 문제로 형제가 서로 다투어서 남보다 더 나쁜 사이로 살아가는 사람들이 있다. 잘사는 사람들이 더한다고 하더라. 그래, 그런 것이 잘하는 짓이냐? 자기 형제끼리 원수처럼 지내면서 어떻게 남과 친하게 지낼 수 있으며 어떻게 국가와 민족과 인류를 위할 수 있겠느냐? 그건 말이 안 되느니라. 형제들끼리만 잘 지내라는 말이 아니다. 형제와 잘 지내는 것이 남과 잘 지내는 것보다 먼저 해야 할 일이라는 말이다."

민수 형은 더 이상 말을 잇지 못했다. 그렇다고 완전히 자기 생각이 잘못되었다고 인정하지도 않았다.

– 《주희가 들려주는 성리학 이야기》 중에서

생각 쓰기

주 요 개 념 및 배 경 지 식

1 우애

친구나 형제간의 도타운 정과 사랑을 말한다. 하나의 덕이 아닌 덕을 내포하는 것이요, 또 우리가 살아가는 데 있어서 필수적인 것이다.

2 가족 이기주의

가족의 이익만을 생각하는 마음을 말한다. 자신의 가족을 너무 소중히 생각한 나머지 다른 가족에 대해서는 그런 마음을 갖지 못하는 태도를 말한다. 사회를 구성하는 가장 기본적인 단위인 가족에서부터 배타성이나 이기주의가 드러난다면 장차 아이들이 어떻게 될지는 불을 보듯 뻔할 것이다.

3 우선순위

어떤 것을 먼저 차지하거나 사용할 수 있는 차례를 말한다. 개인적으로는 자신이 해야 할 일들 중에서 우선 실천해야 할 일들의 순위를 가리킨다.

주희는 먼저 자신과 자신의 가족을 먼저 돌보라고 가르친다. 그래야
만 나머지 일들이 원활하게 움직여 간다고 주장한다.

02강 보이는 것과 보이지 않는 것

case 1 눈에 보이지 않는다고 없는 것은 아니다. 보이지 않는 것들이 우리의 삶에서 어떤 가치를 가지는지 다음 제시문을 읽고 생각을 적으시오.

"아휴, 머리 터진다. 그만 해라. 난 무식해서 뭔 소린지 통 모르겠다. 냄새도 없고 소리도 없고 보이지도 않는 그 태극이 있다고 어떻게 말할 수 있냐? 내 머리로는 도저히 이해가 안 된다. 참 주자님도 별난 분이셔. 보이지도 들리지도 않는 태극이 있다고 어떻게 말씀하시는 건지……. 다시는 네 이름의 뜻을 묻지 않을게."

내가 포기하려했지만 태극이는 집요하게도 계속해서 말했다.

"너는 사랑이 눈에 보이니? 사랑은 보이지 않고 사랑하는 사람만 눈에 보이지 않니? 미움이 눈에 보이니? 미워하는 사람의 눈초리와 거친 말과 행동만 눈에 보이지. 그러니까 어떤 것이 눈에 직접 보이지 않는다고 해서 없다고 생각하면 안 되는 거야."

"그만 하라니까. 난 눈에 안 보이면 없는 거라고 생각해. 사람들이 다만 제 마음속에 있는 것에 이름만 그렇게 붙인 거지. 하여튼 모르겠다. 그런 거

따져서 뭐하니? 바르게만 살면 되지."

　나는 기가 질려서 더 이상 태극에 대해 알고 싶지도 않았다.

－《주희가 들려주는 성리학 이야기》 중에서

생각 쓰기

주 요 개 념 및 배 경 지 식

1 태극 사상

양과 음의 두 근원으로부터 만물이 생성되었다는 중국 고대 사상이다. 이 두 근원은 대립되어 가만히 있는 것이 아니라 서로 어우러져 상대의 꼬리를 물고 있다. 양이 기울면 음이 되고 음이 기울면 양이 된다. 즉, 서로는 상대적이다. 어떤 것은 음이고 어떤 것은 양으로 고정되어 있는 것이 아니다. 늘 변화할 가능성이 있다. 이러한 사상은 역(易)사상과 결합하고 다시 주희에 의해 유교 사상과 결합한다.

2 가치

어떤 행위 또는 사물 등이 인간에게 소중하고 바람직한 것임을 나타내는 말이다(선악, 진선미 등). 상품과 같은 경제적 가치 외에 육체적인 기쁨이나 건강도 가치 있는 것이며, 나아가 인간의 정신적 활동에 만족을 주는 가치도 있다. 즉, 논리적 가치와 도덕적 가치, 미적(美的) 가치, 종교적 가치 등도 있다.

법칙은 눈에 보이지 않는다. 그러나 보이지 않는 법칙은 모든 물체를 움직이는 근거가 된다. 다음 제시문을 통해 보이지 않는 천리의 중요성에 대해 설명하시오.

　"인간은 나약한 존재여서 자연의 이치에 따라야 한다는 생각이 들어. 곡식을 심고 가꾸고 거두어들이는 일뿐만 아니라 우리가 먹고 입고 잠자는 일 모두 자연의 변화에 따르는 일이잖아. 사실 도시에 사는 사람들도 따지고 보면 자연의 변화를 거스를 수 없는 것 같아. 배고프면 먹어야 하고, 추우면 따뜻하게 입어야 하고, 더우면 시원하게 해야 하니까. 어떤 인간이든 그런 단순한 자연의 변화에 따르지 않을 수 없는 거지. 대신 도시 사람들은 자연의 변화로부터 얻어지는 그런 일을 모두 남들에게 부탁해. 주로 돈으로 해결하니까. 하지만 이런 산골에서는 자연으로부터 직접 그것들을 얻어 내는 것이 가능해. 물론 때때로 해결할 수 없는 것들은 돈을 주고 사 와야 하지만 말이야. 여기서는 돈으로 해결되는 일이 별로 없으니까 자연을 따르는 일이 무엇보다 중요한 거야."

　"그것도 주자학과 관련이 있어?"

　"그럼! 주자학은 사람들이 자연과 보다 더 가깝던 시대에 완성된 학문이 잖아. 그 시대에는 지금보다 더 하늘의 이치를 따르는 것이 중요했을 거야.

자연현상이 주로 하늘을 통해서 이루어지니까 사람들은 하늘을 중시할 수밖에 없었겠지. 요즘에는 과학이 발달해서 기온이 변화하는 것은 태양과 고도가 얼마나 높으냐, 낮의 길이가 얼마나 기냐 하는 데 달려 있다는 것을 알고 있잖아. 옛날 사람들은 그런 것들을 정확히 몰랐지만 하늘의 법칙, 곧 천리가 자연을 변화시킨다고 믿었지."

– 《주희가 들려주는 성리학 이야기》 중에서

생각 쓰기

아비투어
철학 논술

예시 답안

① 주희는 중국 남송의 유학자이며 사상가이다.

② 24세 때 최초의 관직인 동안현 주부로 부임을 한다.

③ 일생 동안 관직 생활보다는 학문 연구와 서적 편찬 그리고 교육 활동에 전념했다.

④ 주희의 교육은 강의보다 실천이 중심이었다.

⑤ 주희는 선배들의 유학을 이어받고 거기에 독창적인 사상을 첨가하여 신유학이라는 새로운 유학을 탄생시킨다.

⑥ 주희의 사상은 중국은 물론 우리나라에까지 영향을 미쳤다.

주 제 탐 구 **01강** 하늘의 뜻

case 1   천리란 하늘이 정해 준 자연의 법칙을 말한다. 계절이 바뀌고 시간이 흘러가는 것을 자연스럽게 받아들여 아무런 거리낌이 없는 상태로 살아갈 때, 이것을 가리켜 천리를 따른다고 말할 수 있다. 천리를 받아들이고 생활할 때 자연의 일부인 우리의 몸과 마음도 건강해진다.

따라서 인공으로 만들어진 도시 생활보다는 시골 생활이 천리에 더욱 가깝다고 할 수 있다. 음식에 있어서도 인스턴트나 패스트푸드와 같은 조리된 음식이 아니라 자연이 생산해 낸 그대로의 자연스런 음식을 먹는 것이 천리를 따르는 것이라고 할 수 있다. 때문에 천리를 거역함으로써 현대에 많은 문제들이 발생하는 것을 분명히 알 수 있다.

case 2　먼저 형제가 서로 사랑하고 우애 있게 지내는 것이 천리이다. 물론 주변의 다른 사람들과도 잘 지내야 한다. 그러나 형제끼리 잘 지내는 것이 먼저이고 남과 잘 지내는 것은 그 다음이라고 유교는 가르치고 있다.

　자칫 이러한 사고방식을 가족 이기주의라고 비난할 수도 있다. 자기의 가족을 먼저 돌보다 보면 남을 돌아볼 기회가 없다고 생각할 수 있기 때문이다. 그러나 유교의 가르침에서 중요한 초점은 우선순위이다. 형제와 가족을 사랑하라는 것은 다른 사람을 무시하라는 뜻이 아니라, 형제나 가족을 사랑하는 것이 우선시되어야 한다는 의미이다.

주 제 탐 구 **02** 강　보이는 것과 보이지 않는 것

---

case 1　눈에 보이지 않는 것 중에는 사랑, 우정, 행복 등 중요한 것들이 많다. 이러한 것들은 우리 인생을 아름답게 만들어 준다. 그러나 이들은 눈에 보이지 않고 다만 느낄 수 있을 뿐이다. 눈에 보이지 않는 것들은 우리 삶의 기초가 되는 경우가 많다.

　현대는 눈에 보이는 것을 중요하게 생각하는 시대이다. 보이는 것으로 판단하고 평가한다. 그러나 보이는 것이 전부가 아니다. 보이지 않는다고 해서 없는 것이 아니며 가치가 없는 것이 아니다. 오히려 보이는 것보다 보이지 않는 가치 있는 것들이 많이 있다.

세상의 모든 것들은 움직이고 변화한다. 그러나 아무런 규칙도 없이 마음대로 변화하는 경우는 거의 없다. 특히 자연의 경우, 일정한 규칙을 가지고 꾸준히 움직인다. 이들 규칙은 눈에 보이지 않지만 사물의 움직임을 이끄는 중요한 것들이다. 이들 규칙에 따라 만물이 움직이기 때문에 충돌과 같은 위험한 일이 일어나지 않는 것이다. 또한 인간은 자연의 규칙을 알고 있기 때문에 다음에 일어날 일들을 어느 정도 예상할 수 있고 준비할 수 있다.

이러한 규칙, 특히 하늘이 만들어 놓은 규칙을 천리라고 한다. 따라서 천리는 만물이 제자리를 지키고 주어진 규칙에 따라 움직이도록 하는 근본적인 법칙이다.

Abitur

철학자가 들려주는 철학이야기 030

순자가 들려주는 마음 닦는 이야기

저자_ 유성선
현재 강원대학교 철학과 교수로 재직 중이다.

순자

荀子

아래 제시문을 읽으면 순자의 생애를 잘 알 수 있다.
순자가 살았던 시대의 특징과 그의 사상을 요약하시오.

　순자는 중국 전국시대 조나라 출신으로 이름은 '황'이고 자는 '경'이다. 순자는 어려서부터 총명하였고 15세에 제나라로 유학을 갔다. 당시 제나라는 '전국칠웅'의 선두권에 속했으며 선왕은 천하의 명사들과 학자들과 함께 자유롭게 학문을 논하고 정치에 대해 비평할 수 있도록 하였다.

　순자는 제나라가 위기에 닥치자 초나라로 갔으나, 얼마 후 제나라의 양왕이 다시 잃었던 나라를 되찾자 제나라로 돌아왔다. 당시 순자는 공자의 유학을 이어받아 학술 면에서 가장 존경받는 학자로 인정받았다.

　순자가 태어난 전국시대는 주나라 황실이 무너지고 여기저기에서 영토를 넓히려고 싸우던 혼란스런 시대였다. 학문 또한 유가 사상과 더불어 제자백가가 설치면서 서민들의 정신을 흐리게 했다. 순자는 공자의 제자 자하의 학파를 이었고 유가 사상을 현실화시킨 인물이었다. 그의 대표적 학설은 '성악설'이다. 맹자의 '성선설'과 대비되는 사상으로, 순자는 사람의 본성은 이기적이며 감각적이라고 단정했다. 그러므로 의지적 실천을 통해 본성을 변화시켜야 한다는 '화성기위'를 주장하였다. 순자는 하늘의 신성성과 귀신을 부정하고 하늘에서 비가 내리고 천둥을 치는 것은 인간의 죄를 벌하기 위함이 아니라 단지 자연현상일 뿐이라고 했다. 어지러운 세상을 '예론'으로 바로잡아 보려던 그의 사상은 제자 한비자와 이사에 의해 법가 사상으로 발전했으며 진나라가 통일을 이루는 데 기본 사상이 되었다.

1 중국의 전국시대

전국시대는 춘추시대 다음의 시대로 기원전 403년부터 진나라 시황제가 중국을 통일한 기원전 221년까지의 시기를 말한다. 이 시대에는 전쟁의 규모나 기간이 춘추시대와는 비교할 수 없을 정도로 확대되었으며, 봉건제도는 완전히 붕괴되었다. 이로 인해 중국은 온통 혼란에 빠졌으며 하루도 전쟁이 없는 날이 없었다. 그래서 이 시기를 '전국시대'라고 부르게 되었다.

2 성악설

순자의 '성악설'은 맹자의 '성선설'과 대비되는 말로, 인간의 본성은 이기적이고 악하다고 보았다. 때문에 순자는 끊임없는 인간의 의지와 노력으로 인간의 본성을 변화시켜야 한다고 보았다.

3 순자가 본 자연현상

순자 이전의 사상가들은 모든 생각의 근원을 하늘에서 찾았다. 그래서 하늘을 인간 도덕의 근원으로 보았다. 그러나 순자는 하늘의 자연현상과 귀신에 관해서 인간과는 아무 관계가 없는 자연의 법칙일 뿐이라고 했다. 그는 인간의 입장에서 자연을 이해해야 한다고 주장했다. 순자는 사람이 지내는 기우제와 비가 오는 현상은 아무런 상관이 없다고 보았다.

주 제 탐 구

01강 '분서갱유'란 어떤 사건인가?

case 1 춘추전국시대를 통일한 진시황은 '분서갱유'를 일으키게 된다. 다음 제시문을 읽고 정치를 하는 권력자가 왜 한목소리를 내서는 안 되는지 생각해 보시오.

가 "훈장님! 분서갱유 사건에 대해서 좀 더 자세히 알려 주세요!"

훈장님은 껄껄 웃으시며 옥림이의 머리를 쓰다듬으셨다.

"옥림이가 이제야 공부에 흥미를 갖는구나. 아주 뿌듯하다. 원래 정치라는 것이 한목소리를 내서는 안 된다는 것은 모두 알고 있겠지? 어떤 의견에 찬성하는 사람도 있고 반대하는 사람도 있어야지, 서로 대립하고 경쟁하면서 발전하게 되는 거란다. 그런데 진시황은 사람들이 자신과 반대되는 목소리를 내는 것을 참지 못했어. 결국 460여 명의 선비를 산 채로 매장했으며, 농업 등 실용적인 목적을 지닌 책을 제외하고는 거의 모든 책을 불사르는 행동도 서슴지 않았지. 결국 이러한 행위는 유학을 믿는 선비들의 강한 반발을 불러일으켰고 중국은 물론 동양 문화 전체에 너무나도 깊은 상처를 남겼단다."

❹ 독재자는 이 기계로 거짓말하는 범죄자의 마음을 속속들이 읽어 낼 수 있었다. 시간이 지나면서 독재자는 모든 사람들의 마음을 읽고 싶은 생각이 들었다. 그래서 마음을 읽는 기계를 거리에 설치하여 국민들의 마음을 읽어 보도록 지시하였다.

"날 싫어하는 놈들은 모두 우주 감옥에 보내라."

기계에 의해 마음을 도둑맞은 국민들은 하나하나 붙잡혀 우주 감옥에 보내졌다. 심지어는 장관들까지도 마음이 읽혀졌다. 두 달이 지나자, 독재자가 지배하는 나라는 사람이 살지 않는 유령의 도시가 되어 버렸다.

독재자는 갑자기 자신의 마음을 읽고 싶었다. 자신의 마음은 거짓과 악함이 하나도 없이 깨끗하리라 믿었다. 기계를 켜고 화면을 바라보았다.

"아니, 이럴 수가, 이럴 수가……. 그럴 리 없어!"

독재자의 마음은 추악하기 이를 데 없었다. 화면 가득 더러운 시궁창 물이 흐르고, 그 속에서 보기에도 끔찍한 이상한 벌레들이 스멀스멀 기어 다니고 있었다. 독재자는 자기도 모르게 옆에 있던 폭탄 스위치를 눌렀다.

– 초등학교 교과서 《읽기 6》 '독재자의 실수' 참고

생각 쓰기

㉮ "옛날에 하수라는 나라에 어리석고 겁이 많은 연촉량이라는 사람이 살고 있었다. 하루는 밤길을 가다가 자신의 그림자를 보고 귀신이 엎드려 있다고 생각하고 자신의 머리카락이 비친 것을 보고는 괴물이 서 있다고 생각하여 등을 돌려 달아나기 시작했지. 그러다가 자기 집에 도착할 무렵 기절하여 죽었단다."

옥림이는 어제 일을 곰곰이 생각해 보았다. 만약 자신이 본 것이 귀신이 아니었다면? 그저 고양이나 바위를 보고 착각한 것이라면?

(……)

"또한 순자는 하늘이 운이 좋고 나쁘고, 돈이 많고 적고, 귀하고 덜 귀하고를 결정할 수 없다고 보았다. 따라서 만일 사람들이 농업에 힘쓰고 돈을 절약하면 하늘은 사람을 가난하게 할 수 없고, 옷과 음식을 갖추고 때에 알맞게 행동한다면 하늘은 사람을 병들게 할 수 없다고 보았던 것이다. 즉, 순자는 하늘을 떠받들고 믿기보다는 사물을 기르고 가꾸는 것이 나으며, 하늘을 따르고 칭송하는 것보다는 하늘의 뜻을 움직여 이용하는 것이 낫다고 하였는데 이것을 바로 '능참'이라고 한단다."

– 《순자가 들려주는 마음 닦는 이야기》 중에서

④ 어느 날, 철수 아빠가 영희 아빠에게 말했습니다.

"영희 아빠, 요즘 우리 철수가 너무 컴퓨터에 빠진 것 같아 걱정이에요."

"아이고, 우리 영희도 마찬가집니다. 아침에 학교 가야 할 시간인데도, 조금만! 조금만! 하면서 게임을 한다니까요."

"그렇군요. 우리 철수만 그런 줄 알았는데⋯⋯."

"요즘엔 초등학교 학생들도 컴퓨터로 운세 맞추기, 이성친구 찾기 등을 한다지 않습니까."

"아무리 혼을 내고 타일러도 쉽게 그만두지 못하는 것 같아 안타깝습니다."

철수 아빠와 영희 아빠는 깊게 한숨을 쉬었습니다.

생각 쓰기

주 요 개 념 및 배 경 지 식

1 화성기위(化性起僞)

　인간은 이기적 욕구와 감각적 욕구에 따르는 이기적 본성을 타고 났으므로 선천적으로 악하다고 보는 것을 '성악설'이라고 했다. 이 사상은 맹자의 '성선설'과 대조되는 것으로 많은 사람들에게 비판의 대상이 되었다. 맹자의 '성선설'은 인간의 마음을 '측은지심'으로 보고 양심은 선천적으로 선하다는 것에 많은 사람들이 동의했기 때문이다.

　그러나 순자는 배움과 실천에 따라서만 인간을 변화시킬 수 있다는 '화성기위'를 주장했다. 이 사상은 하늘과 고리를 끊고 인간의 의지만으로 세계를 변화시킬 수 있는 인문 정신의 시작이라는 점에서 매우 중요하며 그만큼 현실적이다. 또한 과학을 연구하고 자연을 이용했던 서양의 정신보다 앞서 있기에 주목된다.

2 능참(能參)

　하늘의 일에 인간이 참여할 수 있다는 것을 말한다. 하늘이 사람의 운을 결정할 수 없다고 보고 사람들이 농업에 힘쓰고 절약해서 현실적으로 잘사는 것이 하늘을 섬기는 것보다 낫다고 생각한 것이다.

3 묵가 사상

묵가 사상은 공자의 유가를 계승한 맹자와 순자의 사상 외에도 노동
자와 농민들이 구성원이었으며 '겸애'를 기본 사상으로 삼았다. 묵적이
묵가의 창시자이며, 유가의 예절이 어렵고 절차가 복잡해서 백성들에게
폐가 된다고 보아 이를 반대하였다. 또한 전쟁으로 인해 피폐해진 민심
을 대변해서 각 제후국 간의 싸움을 반대하고 가난한 자들을 위해 사회
개선에 힘썼다. 뿐만 아니라 하느님을 믿고 귀신의 존재를 믿기도 하였
다.

02강 순자의 '성악설'과 '화성기위'는 어떤 사상인가?

case 1 교육을 통해서 나쁜 성품을 변화시키는 것을 '화성기위'라고 한다. 다음 글을 읽고, 옥림이가 자신의 잘못된 행동을 어떻게 반성하게 되었는지 서술하시오.

가 "그래, 우리 옥림이가 제대로 배웠구나. 순자는 인간에게는 태어날 때부터 악한 일을 저지를 가능성이 있다고 보았는데, 이러한 악의 가능성이 있는 자연성을 극복하기 위해서 교육이 필수적이라고 한 것이란다. 순자는 인간과 자연이 다르면서도 동시에 같은 점이 있기 때문에 둘을 통일시킬 수 있으며, 이것을 인간의 마음에 적용해 볼 때에도 같은 논리가 성립될 수 있으므로 악의 가능성이 있는 자연스러운 본능을 버려 둘 것이 아니라 극복해야 한다고 한 것이다."

"아! 그러니까 인간에게는 나쁜 일을 저지를 가능성이 있는데 그것을 노력을 통해 극복해야 한다는 그 말씀이시죠?"

"허허, 맞다."

– 《순자가 들려주는 마음 닦는 이야기》

㉯ "아이고, 우리 옥림이 어쩐 일이냐?"

옥림이는 자신을 반갑게 맞아 주시는 훈장님 앞에 무릎을 꿇었다. 옥림이의 두 눈에서는 쉴 새 없이 눈물이 흘러내렸다.

"잘못했어요, 훈장님."

옥림이는 훈장님에게 자신이 청학동에 있는 모든 책들을 불태우려고 했던 사실을 털어놓았다. 그리고 그동안 저지른 수많은 장난들에 대해서 깊이 반성하고 있다고 얘기했다.

"혼내 주세요. 벌을 내려 주세요. 훈장님!"

그러나 이야기를 모두 들으신 훈장님은 화를 내시기는커녕 흐뭇한 미소를 지으셨다.

– 《순자가 들려주는 마음 닦는 이야기》 중에서

생각 쓰기

"옥림아, 나와 밖에 나가서 놀지 않으련? 재미난 놀이가 있단다."

옥림이는 눈을 반짝였다.

"무슨 놀이 ?"

"응, 저 아랫마을에 수박 밭이 있는데 수박이 아주 잘 여물었단다. 거기 가서 수박 서리를 하자!"

수윤이는 신이 나서 환호성을 지를 옥림이의 모습을 기대하며 말했다. 그러나 옥림이의 반응은 뜻밖이었다.

"어머, 그건 나쁜 짓이잖아. 남의 물건을 훔치면 안 돼."

수윤이는 조급해졌다. 자신은 옥림이가 여전히 장난꾸러기라는 쪽에 자그마치 찐 옥수수 열 개를 걸었다. 이러다가는 옥수수도 잃고 마당 쓸기, 설거지, 공부방 청소까지 전부 도맡게 생겼다.

"아니야. 수박 서리는 농촌에서 여름이면 행해지는 놀이의 일종이란다. 어른들도 아이들이 몇 개쯤 서리하는 것은 눈감아 주시지."

수윤이는 자꾸 옥림이를 부추겼다. 옥림이는 내키지 않았지만 착한 수윤이가 이렇게까지 권하는 것을 보니 한 번쯤 수박 서리를 해 보는 것도 괜찮다는 생각이 들었다. 결국 옥림이는 수윤이를 따라 아랫마을 수박 밭으로 갔다.

–《순자가 들려주는 마음 닦는 이야기》 중에서

생각 쓰기

미국에 버릇없는 어린이가 늘고 있다는 보도가 난 적이 있다. 여론 조사에 의하면 응답자 10명 중 7명꼴로 한 세대 전보다 아이들이 무례해졌다고 답했다. 학교에서도 버릇없는 아이들이 큰 골칫거리인데 지난해 조사에 따르면 교사 3명 중 1명이 학생의 버릇없는 행동을 참기 어려워 교단을 떠날 생각까지 했던 것으로 나타났다. 미국의 한 식당에서는 식당 내 이곳저곳을 왔다 갔다 하며 자기 집처럼 마구 노는 아이들이 다른 사람에게 방해가 된다는 이유로 아이와 그의 부모를 쫓아낸 적이 있다고 한다.

이런 현상을 두고 하버드대학교의 아동 심리학자 댄 킨드론 교수는 "부모는 아이가 경쟁에서 이길 수 있도록 훈련시키는 것을 올바른 교육이라고 믿고 자기 자녀에게 '성공해야 한다'는 강한 압박감을 주지만, '바르게 행동하라'는 요구는 별로 하지 않는다"고 비판했다.

순자의 제자들(이사와 한비자)

순자의 대표적인 제자는 진시황의 '분서갱유'를 주도한 이사와 법가 이론을 집대성한 한비자가 있다.

이사는 초나라의 아전인데 순자에게 학문을 배우고 진나라로 가서 벼슬을 얻었으나 곧 박탈당하고 만다.

한비자는 말을 더듬었지만 이사가 스스로 한비자를 따르지 못한다고 할 만큼 글을 짓는 데 뛰어났다. 한나라의 국력이 쇠약해지는 것을 안타까워하던 한비자는 뛰어난 글 솜씨로 진시황의 마음을 사로잡았다. 친구 이사의 주선으로 진시황을 만나게 되고, 진시황이 한비자와 대화해 보고 흡족해하자 이사는 친구 한비자를 모함하여 죽이고 만다. 이사와 한비자의 삶은 모두 다 순탄치 못했고 불행했다.

아비투어 철학 논술

예시 답안

① 순자는 중국 전국시대 조나라 출신이며 이름은 '황' 이다.

② 순자는 15세 때 전국칠웅의 선두권이었던 제나라에서 유학하였으며 제나라 왕 선왕의 배려로 자유롭게 정치를 비판하고 학문을 논했다.

③ 순자는 공자의 제자 자하의 학파를 이었고 유가를 현실화시킨 인물로 그의 대표적인 학설은 '성악설' 이다. 제자백가가 설치던 혼란한 전국시대를 바로잡기 위해서 '예' 사상을 중요시했으며 인간의 의지적 실천으로 본성을 변화시켜야 한다는 '화성기위' 를 주장하였다.

④ 순자는 하늘의 신성성과 귀신을 부정했고 하늘에서 비가 내리고 천둥이 치는 것은 자연현상일 뿐이라고 보았다.

⑤ 순자는 인간의 '예론' 으로 어지러운 전국시대의 질서를 바로잡아 보려고 노력했던 사람이다. '예론' 은 그의 제자인 한비자와 이사에 의해 법가 사상으로 발전되었다. 이는 진나라의 통일을 이루는 근본 사상이 되었다.

주 제 탐 구 **01** 강   '분서갱유' 란 어떤 사건인가?

case 1   제시문 ㉮와 ㉯는 독재자에 의한 절대 권력이 얼마나 많은 사람들을 해치며 사회의 악이 되는지를 보여 주고 있다.

진시황은 강력한 법으로 중국을 통일했지만 자신을 반대하는 목소리를 용납하지 못하고 지식인 460여 명을 산 채로 매장하고 책을 불사르는 '분서갱유'를 일으켰다. 진시황의 이러한 행동은 유학을 믿는 선비들의 강한 반발심을 불러일으켰고 동양 문화 전체에도 깊은 상처를 입혔다. 진나라는 독재 정치와 법질서를 내세워 학자들의 학문을 억압했다.

이러한 행태는 비단 과거에만 일어난 일은 아니었다. 현대 정치를 보더라도 한목소리를 내게 되면 독재가 될 위험이 크다. 그래서 많은 나라들은 민주주의를 지향한다. 민주주의 국가에서는 여당과 야당 그리고 국회를 중심으로 나라 발전을 위해 토론하고 열띤 논쟁을 벌인다. 중요한 것은 언론의 자유를 보장하고 책과 문화를 존중해야 사회가 발전한다는 사실이다.

제시문 ㉯에서는 독재자가 기술자에게 마음을 읽는 기계를 발명하게 하여 이를 이용해 자신을 싫어하는 사람들을 모두 우주 감옥으로 보내게 한다. 결국 독재자의 나라는 사람이 없는 유령의 도시가 됐고, 그는 자신의 마음을 들여다보게 된다. 그런데 충격적이게도 자신의 마음은 더러운 시궁창이 흐르고 벌레가 스멀대는 추잡한 것이었다.

두 독재자의 파멸은 곧 남을 의심하고 언론의 자유를 막은 절대 권력의 사회악을 말해 준다. 진시황이나 독재자가 다른 사람들의 인권과 의견을 존중하고 토론을 통해 국민들의 의견을 받아들이는, 국민들을 위한 정치를 했다면 불행한 일들도 일어나지 않았을 것이다.

case 2　　글 ㉮에서 겁이 많은 연촉량이라는 사람은 밤길을 가다가 자신의 그림자를 보고 귀신이 엎드려 있다고 생각한다. 그리고 자신의 머리카락이 비친 것을 보고는 괴물이 서 있다고 생각하여 등을 돌려서 달아난다. 이는 의지가 약한 사람의 예를 빗대어서 보여 주고 있다.

순자는 귀신을 부정하고 더불어 하늘이 인간의 운명을 결정해 주는 것이 아니라 자신의 의지와 노력으로 하늘의 뜻을 움직여 이용하는 것이 낫다고 주장했는데, 이러한 사상이 바로 '능참' 사상이다. 순자는 하늘의 자연현상과 인간은 아무 관련이 없으므로 인간 중심으로 자연을 이용해야 한다고 했다. 때를 기다려 농사를 짓고 부지런히 마음을 닦아 예를 지키면 귀신과 하늘도 두려울 게 없다고 생각한 것이다. 그러므로 자신의 그림자를 귀신으로 본 연촉량은 아주 어리석다고 할 수 있다.

글 ㉮의 내용은 아이들이 자주 이용하는 컴퓨터 운세 및 타로 카드 등이 아이들의 심리에 부정적인 영향을 미치는 것을 이야기하고 있다. 자신의 운세를 컴퓨터에 의존하는 나약한 심성을 가진 친구를 위해서 순자의 사상을 적용해 본다면 우선 자신의 운명을 결정하는 데는 자신의 의지가 가장 중요하다는 것을 설명해 줘야 한다.

그러므로 글 ㉠의 연촉량과 글 ㉯의 친구를 설득하려면 세상을 움직이는 것은 최선을 다하는 노력과 의지에 달린 것이라고 설명해 줘야 한다. 정신이 약해지면 마음이 혼란해져서 귀신의 존재를 믿게 되고, 흥미 위주의 게임과 현실을 구별하지 못하게 된다. '사람의 의지와 능력은 하늘도 움직인다'고 말한 순자의 '능참'은 현대를 살고 있는 우리에게도 그대로 적용되는 사상이라 할 수 있다.

case 1 글 ㉮에서는 훈장님이 순자의 '화성기위' 사상을 옥림에게 설명해 주고 있다. 인간의 욕망을 추구하는 나쁜 심성을 교육과 예절을 통해서 변하게 하는 것을 순자는 '화성기위'라는 말로 설명했다. 인간의 마음을 자연 그대로 둘 것이 아니라 교육과 자신의 의지로 변화시켜야 한다. 그래야 잘못을 알고 뉘우치게 되며 인간다운 도덕심으로 살아갈 수 있다고 보았다.

글 ㉯에서 옥림이는 자신이 그동안 저질렀던 모든 잘못을 훈장님께 눈물로 고백하면서 혼내 줄 것을 스스로 청한다. 그러나 그동안 청학동에서의 엄격한 교육을 통해서 스스로 반성하는 옥림이를 보며 훈장님은 대견해 한다.

옥림이가 책을 불사르고 싶었던 것은 책이 없으면 공부도 하지 않고 빨리 집에 갈 수 있다고 믿었기 때문이다. 그래서 잘못인 줄 알면서도 일을 저질렀던 것이다. 모든 사람들에 대한 예의나 도덕보다 자신의 이기심에서 비롯된 경솔한 행동이었다. 그러나 훈장님의 교육과 수윤이의 가르침으로 옥림이는 비로소 '화성기위' 정신을 깨닫고 진심으로 뉘우치게 되었다.

case 2 옥림이는 이미 훈장님의 교육을 통해서 수박 서리는 잘못된 행동이라는 것을 알았으므로 양심의 가책을 느낀다. 수박 서리도 엄밀히 말하면 도둑질이므로 해서는 안 된다는 것을 잘 알고 있기 때문이다. 비록 수윤이의 간곡한 청을 뿌리치지 못해 결국 수박 서리에 동참했지만 '화성기위'를 배우고 난 뒤라 옥림이는 심한 갈등을 하게 된다. 자신의 이기심과 재미를 위한 욕망, 그리고 친구의 부탁을 저버리지 못하고 도덕적 의지를 꺾어야 한다는 것에 대해 옥림이는 큰 고민에 빠졌다. 그로 인해 마음이 무거워지는 것은 당연한 결과라고 볼 수 있다.

case 3 현대에는 버릇없고 참을성 없는 아이들이 점점 더 많아지고 있다. 자신이 갖고 싶은 것은 무엇이든지 가져야 하고 그렇지 못하면 떼를 쓰기 일쑤이다. 글 ㉠는 미국에서 버릇없는 아이들이 점점 더 늘고 있는 문제점을 지적하고 있다. 경쟁과 성공을 우선시 하는 부모 밑에서 어려움 없이 자란 아이들일수록 더 버릇없는 것으로 나타났다. 교육과 스스로의 의지로 인간 본래의 본성을 변화시켜야 한다는 순자의 가르침은 아이보다도 그의 부모들이 먼저 인식하고 실천해야 할 사항이다.

순자는 인간의 욕망을 억제하고 자신의 의지를 도덕적으로 변화시키는 '화성기위' 사상을 강조한 학자이다. 현대인들에게는 인간의 이기심과 욕망을 버리고 공동의 질서와 평화를 위해 남과 더불어 사는 법, 즉 공동체 의식을 키울 수 있는 교육관이 무엇보다도 절실히 요구된다.

논술 답안 쓰기